Les recettes d'une femme sereine

Ma vraie nature

Claire Girard - Photos Isabelle Rozenbaum

MANGO

Parce que cueillir,

cultiver,

cuisiner,

servir,

ou partager...

c'est découvrir,

sentir,

transformer

et offrir...

la Vie, qui me traverse,

me bouleverse...

INTRODUCTION

Ailleurs, dans les Hautes-Alpes, en lisière de Provence, déjà dans les lavandes mais encore à quelques dizaines de kilomètres des oliviers, le gîte de Pra Boyer échappe à la fièvre du temps et aux regards des voisins. Nous n'y sommes pas hors la vie, mais cherchons que celle-ci ait loisir de s'y épanouir. Dans une vallée à l'écart des migrations programmées, dans un environnement plutôt préservé, tous les sens sont convoqués. Somptueux paysages offerts à qui se balade à pied, à VTT ou à cheval, bals des couleurs selon les saisons, concert infini de la nature où se redéfinit le silence, bouquets d'odeurs ficelés par le vent, exhalés par les plantes et les arbres, collant aux doigts ou à la pluie, caresses tendres ou incisives du soleil, douces brises ou flagellatrices bourrasques des crêtes sollicitent le promeneur. Tous ces sens rassasiés, il revient à notre promeneur d'honorer celui qui reste, le goût, à la table de Pra Boyer.
Produits du jardin ou du verger, d'abord rêvés, puis plantés dans une terre travaillée, nourrie, caressée, accompagnés d'un œil vigilant et ravi, soignés avec humilité et ténacité, enfin récoltés avec satisfaction et fierté, deviendront entre savoir, imagination et fourneaux ces mets savoureux posés sur votre table.
En complément de ceux-ci, produits offerts par la nature en proportion de la curiosité, de l'attention, du respect que nous y consacrons, du plaisir qu'elle nous procure, produits de la vallée – cerises, abricots, prunes, noix, pommes, tilleul, lavande –, autres produits achetés dans les magasins adhérant à la sensibilité bio vont se marier et faire fête au palais.
Si ce livre peut vous donner du plaisir et un « avant-goût » de ce que nous proposons, pour le reste, seul « l'ici » y répondra.

Claire Girard et Patrice Renault
Gîte Pra Boyer
05150 Montmorin
renault.patrice@wanadoo.fr

SOMMAIRE

LÉGUMES

FRUITS

HERBES ET FLEURS

LÉGUMES

Non, **la batavia** n'est pas une lourde danse hollandaise, mais une salade, légume inégalé côté fraîcheur et légèreté. Constituée à 90 % d'eau, elle est une véritable éponge pour les produits toxiques, en particulier les nitrates ; aussi le bon sens incite-t-il à éviter celles issues de culture conventionnelle, surtout en serre, ou à bien connaître ses conditions de production. Cultivée en bio, elle demande surtout d'être attentif à ses besoins (luminosité, humidité, fertilité du sol, le tout bien dosé), de choisir des variétés adaptées à la saison, de désherber manuellement. Mais quel plaisir que ce saladier débordant de feuilles croquantes, cueillies juste avant le repas ! La batavia arbore des feuilles bordées de rouge, un peu frisées et de consistance plus ferme que celles de la laitue. Il en existe de nombreuses variétés qui s'accommodent au gré des saisons.

BATAVIA FLEURIE

Premier bouquet (au printemps)

Pour 4 personnes **Préparation : 15 minutes**

Ingrédients

1 batavia
1 poignée de boutons de pissenlit
1 poignée de fleurs de violette
1 poignée de fleurs de coucou
1 poignée de fleurs de pâquerette
3 tranches de pain bis
2 cuillerées à soupe de cerneaux de noix concassés
2 gousses d'ail
2 cuillerées à soupe d'huile de tournesol

Pour la vinaigrette à l'huile de noix
1 échalote
1 cuillerée à café de cerfeuil ciselé
1 cuillerée à soupe de ciboulette ciselée
1/2 cuillerée à café de moutarde
4 cuillerées à soupe de vinaigre de cidre
2 cuillerées à soupe de sauce de soja
4 cuillerées à soupe d'huile de noix

Détachez toutes les fleurs de coucou de leur réceptacle. Récoltez les petits boutons de fleurs de pissenlit dans le cœur des touffes de feuilles.
Coupez les tranches de pain en petits dés. Fendez les gousses d'ail en deux et faites-les revenir 1 minute dans l'huile de tournesol. Retirez-les de la poêle, versez-y le pain et faites-le griller en remuant. Réservez.
Préparez la vinaigrette à l'huile de noix : mélangez la moutarde, le vinaigre, la sauce de soja, l'huile de noix, l'échalote hachée, le cerfeuil et la ciboulette.
Lavez la batavia, essorez-la et remplissez-en un saladier. Versez la vinaigrette et mélangez. Répartissez les cerneaux de noix et les fleurs. Parsemez de croûtons et servez aussitôt.

Pleine saison (en été)

Pour 4 personnes Préparation : 10 minutes

Ingrédients

1 batavia
15 fleurs de bourrache
1 cuillerée à soupe de fleurs de coriandre
10 coquelicots
4 cuillerées à soupe de graines de courge grillées
Sel

Pour la vinaigrette au miel et à l'estragon
1 branche d'estragon
3 cuillerées à soupe de vinaigre de vin blanc
4 cuillerées à soupe d'huile de chardon (ou d'huile de carthame)
1 cuillerée à soupe de miel

Détachez toutes les fleurs de bourrache et de coriandre de leur réceptacle. Lavez la batavia et essorez-la.

Préparez la vinaigrette au miel et à l'estragon : mélangez le vinaigre, l'huile, 4 cuillerées à soupe d'eau et le miel. Salez et ajoutez l'estragon finement haché. Nappez la salade de cette vinaigrette.

Disposez les fleurs en répartissant les couleurs et parsemez de graines de courge.

Derniers feux (en automne)

Pour 4 personnes Préparation : 10 minutes

Ingrédients

1 batavia
10 capucines
2 fleurs de soucis
2 chrysanthèmes d'or
1 poignée de feuilles de capucine
1 poignée de roquette
2 cuillerées à soupe de pignons grillés

Pour la vinaigrette aux câpres et au basilic
1 cuillerée à café de câpres de capucine confites (voir recette p. 149)
1 tige de basilic
Le jus de 1 citron
1 cuillerée à soupe de sauce de soja
4 cuillerées à soupe d'huile de tournesol

Lavez la batavia, la roquette et les feuilles de capucine, puis égouttez-les. Mélangez-les dans un saladier. Effeuillez les soucis et les chrysanthèmes, gardez-en un peu pour le décor, puis mélangez les autres aux feuilles de salade.

Préparez la vinaigrette aux câpres et au basilic : mélangez le jus de citron, la sauce de soja, l'huile, le basilic ciselé et les câpres. Juste avant de servir, versez cette vinaigrette sur la salade et mélangez-la bien.

Parsemez du reste de pétales et des pignons, puis disposez les capucines.

La betterave rouge appartient à la famille des chénopodiacées, comme l'épinard ou la blette. Légume racine charnu, de couleur rouge sang, son nom provient du latin *Beta vulgaris*. Plante originaire de la région méditerranéenne connue dès l'Antiquité, elle ne fut introduite en Europe centrale que vers le XVIe siècle. Aujourd'hui, elle s'avère très représentative des cuisines septentrionales, probablement parce qu'elle est peu exigeante quant au climat ou au sol. Sa culture commence en avril, sa récolte en juillet, pour se poursuivre jusqu'aux premières gelées. Elle se conserve parfaitement dans le sable, offrant alors un légume frais tout l'hiver. Juteuse et sucrée, la betterave se consomme aussi, comme les carottes, bien assaisonnée, crue et râpée. Dans le commerce, elle se présente généralement cuite à la vapeur.

CAVIAR DE BETTERAVE

Pour 4 personnes
Préparation : 10 minutes

Ingrédients

2 ou 3 betteraves cuites
250 g de tofu égoutté
3 petits cornichons
1 oignon moyen haché
1 pincée de paprika doux
2 cuillerées à soupe d'estragon haché
2 cuillerées à soupe de levure maltée
1 cuillerée à café de moutarde
2 cuillerées à soupe de sauce de soja
2 cuillerées à soupe de vinaigre de cidre
5 cuillerées à soupe d'huile de tournesol
Sel
Poivre du moulin

Épluchez les betteraves. Coupez-les grossièrement dans le bol du robot. Faites de même avec le tofu et 2 cornichons. Ajoutez les autres ingrédients. Mixez le plus finement possible. Vous devez obtenir une préparation crémeuse d'un beau rose soutenu. Rectifiez l'assaisonnement.
Présentez en dôme dans un petit plat, décorez avec le dernier cornichon coupé en rondelles et servez.

Servez ce caviar de betterave avec des tacos ou des blinis.

Peu gâtée par ses homonymies, **la blette** se conjugue volontiers côté feuilles comme les épinards, côté côtes comme les asperges. Certains n'aiment que les unes, d'autres que les autres. Son ancêtre – peut-être le même que celui de la betterave –, la bette maritime, variété spontanée des bords de la Méditerranée, régalait déjà les Romains et les Grecs. À travers son adaptation au jardin, elle prend divers noms selon les régions : bette, blette, poirée, carde, bette à cardes, joutte, jotte.

Elle aime les régions tempérées un peu humides, supporte les petites gelées, mais déteste la sécheresse. Elle se sème en avril, en sol bien fertile. Sa récolte feuille à feuille commence en juillet et se poursuit jusqu'en octobre, la plante se renouvelant sans cesse. En cas d'hiver peu rigoureux s'annonce la promesse de nouvelles récoltes, au printemps, avant qu'elle ne monte en graine.

De Nice à Marseille, en tian ou en tourte, salée ou sucrée, elle se rencontre souvent dans la cuisine provençale. Ses feuilles, cuisant plus vite que ses côtes, se préparent souvent différemment ; on les effile comme on le fait pour le céleri.

ROULADE DE BLETTES AU CHÈVRE ET AUX TOMATES

Pour 4 personnes
Préparation : 30 minutes
Cuisson : 25 minutes

Ingrédients

500 g de feuilles de blettes
4 œufs
2 cuillerées à soupe de chapelure
1 pincée de muscade
Sel
Poivre du moulin

Pour la farce
250 g de fromage de chèvre frais
3 grosses tomates
1 cuillerée à soupe de basilic ciselé
1 cuillerée à soupe de ciboulette ciselée
Sel
Poivre du moulin

Sortez la plaque du four et préchauffez-le à 180 °C (th. 6). Recouvrez la plaque de papier sulfurisé.
Hachez grossièrement les feuilles de blettes. Dans une casserole, faites-les cuire avec un fond d'eau pendant 10 minutes à feu doux pour que les feuilles soient tout à fait tendres. Égouttez-les soigneusement. Réduisez-les en purée fine dans un mixeur.
Séparez les jaunes des blancs d'œufs. Mélangez les jaunes, les blettes et la chapelure. Assaisonnez avec la muscade et le poivre, puis salez légèrement.
Battez les blancs en neige ferme avec 1 pincée de sel. Incorporez-les délicatement en trois fois à la préparation aux blettes. Étalez ce mélange sur la plaque chemisée en un rectangle de 20 cm sur 30 cm environ et égalisez bien le dessus.
Enfournez et laissez cuire 15 minutes, en surveillant la cuisson. La préparation est cuite lorsqu'elle est juste ferme au toucher. Laissez refroidir en recouvrant d'un linge propre.
Épluchez et épépinez les tomates, puis coupez-les en dés. Écrasez le fromage à la fourchette. Poivrez et incorporez les tomates et les herbes. Vérifiez l'assaisonnement.
Retournez la préparation aux blettes sur une autre feuille de papier sulfurisé de même taille. Retirez soigneusement la première feuille. Étalez la farce sur toute la surface du rectangle. Roulez-le sur lui-même pour former un cylindre. Égalisez les bords au couteau.
Faites glisser la roulade sur un plat de service, entourez-la d'une chiffonnade de salade et servez-la.

La roulade se garde au frais quelques heures sous du film alimentaire. Sortez-la du réfrigérateur 1 heure avant le repas et dégustez-la avec du pain suédois, des crackers ou du pain aux herbes .

À en croire la parole populaire, elle rendrait aimable ; à en croire les statistiques de consommation, elle serait devenue aujourd'hui le légume préféré des Français ; peut-on tout croire ! À la carotte cultivée au Moyen Âge, fibreuse et âcre, encore très proche de la variété sauvage, ombellifère commune des bords de chemins ou des prés, s'est substituée **la carotte** juteuse, croquante et sucrée, fruit du travail des sélectionneurs qui ont développé les qualités aux dépens des défauts.
Et si l'amabilité qu'on lui prête n'était que la récompense des vertus que sa culture exige du jardinier ? Du semis à la récolte, elle demande soins et patience : sa germination est lente, le terrain doit être meuble et léger, l'éclaircissage méticuleux, le désherbage soigneux et régulier.
Ce programme respecté, un redoutable ravageur, la mouche de la carotte, capable de gros dégâts, peut venir tester votre ténacité. Un peu décourageant pour le débutant ! Alors on s'accroche. On ameublit encore le sol, on ajoute du sable dans le sillon, on sème léger, on éclaircit en plusieurs fois – sans laisser à terre les plants arrachés qui attireraient la mouche –, on maintient le sol propre, on alterne rang de carottes et rang d'oignons, puisque l'ennemi, qui a le nez fin, n'apprécie guère l'oignon, pas plus que l'aneth ou la coriandre. Allez, souriez, c'est bio !

GÂTEAU DE CAROTTES AUX AMANDES

Pour 4 personnes
Préparation : 20 minutes
Cuisson : 35 minutes

Ingrédients

350 g de carottes
50 g d'écorces de citron confites
200 g de poudre d'amandes
4 œufs
1/2 cuillerée à café de cardamome en poudre
3 cuillerées à soupe de fécule de maïs
150 g de sucre roux
Sel

Préchauffez le four à 180 °C (th. 6).
Épluchez les carottes et râpez-les à la grille fine. Séparez les jaunes des blancs d'œufs. Dans un saladier, battez les jaunes avec le sucre jusqu'à l'obtention d'un mélange pâle et mousseux. Ajoutez la fécule, la cardamome, les carottes, la poudre d'amandes et les écorces de citron taillées en fines lamelles.
Battez les blancs en neige avec 1 pincée de sel. Incorporez un tiers des blancs au mélange du saladier pour l'alléger, puis ajoutez le reste délicatement, en soulevant la préparation à la spatule et sans mélanger.
Chemisez de papier sulfurisé un moule à cake de 28 cm de longueur environ. Huilez-le au pinceau et versez-y la préparation. Faites cuire 35 minutes. Attendez 5 minutes avant de démouler et laissez refroidir.

SALADE TIÈDE DE CAROTTES AU CUMIN

Pour 4 personnes
Préparation : 10 minutes
Cuisson : 12 minutes

Ingrédients

450 g de carottes
1 tête d'ail
1 bouquet de persil
1 bouquet de coriandre fraîche
1 pincée de piment doux
1 pincée de paprika doux
1 cuillerée à soupe de cumin en poudre
3 cuillerées à soupe de vinaigre de vin
3 cuillerées à soupe d'huile d'olive
Sel
Poivre du moulin

Lavez et brossez les carottes, puis coupez-les en dés. Épluchez et émincez les gousses d'ail.
Faites cuire les carottes avec l'ail, 15 cl d'eau (1 verre), le piment, le paprika, le cumin et du sel 12 minutes à feu doux pour que les carottes soient tendres.
Poivrez et égouttez les carottes avec une écumoire en conservant leur jus de cuisson. Laissez-les tiédir dans un saladier.
Ciselez le persil et la coriandre et mélangez-les aux carottes tièdes.
Faites réduire le jus de cuisson des carottes jusqu'à l'obtention de 1/2 verre de liquide (7,5 cl). Laissez-le tiédir, puis ajoutez le vinaigre et l'huile. Versez ce jus sur les carottes.
Mélangez bien, rectifiez l'assaisonnement et servez.

Céleri-rave

Drôle d'itinéraire que celui du **céleri-rave** ! Plante de cimetière dans l'Antiquité, élément de la boutique de l'apothicaire, il entre en cuisine sur la pointe des papilles comme condiment, au début du XVIIe siècle, avant de prendre rang parmi les légumes, au mitan de celui-ci. Le céleri, comme la carotte, le fenouil et le persil, appartient à la famille des ombellifères.

Son ancêtre, l'ache des marais, *Apium graveolens*, poussait dans les marécages, ce qui justifie un suivi au potager un peu délicat. La plante demande des apports constants en eau et en éléments nutritifs, des binages et des désherbages réguliers, une surveillance attentive de son état sanitaire (supprimer et brûler les feuilles malades, ne jamais toucher à la plantation quand le feuillage est humide).

Céleri branche et céleri-rave sont les formes différentes d'une même plante : l'une cultivée pour ses tiges et pétioles, l'autre pour sa racine. Ils ont la même odeur forte et caractéristique, mais leur texture et leur utilisation en font deux légumes distincts.

LASAGNES DE CÉLERI-RAVE

Pour 4 personnes
Préparation : 35 minutes
Cuisson : 1 heure

Ingrédients

1,5 kg de céleri-rave
(2 boules environ)
500 g d'épinards
120 g de parmesan fraîchement râpé
1 pincée de muscade
2 cuillerées à soupe de fleurs de thym
3 brins de sarriette
Le jus de 1/2 citron
2 cuillerées à soupe de moutarde
50 cl de sauce tomate
20 cl de crème fraîche
1 cuillerée à soupe d'huile d'olive
(+ un peu d'huile pour le moule)
Sel
Poivre du moulin

Préchauffez le four à 180° C (th. 6).
Triez et lavez les épinards. Faites chauffer l'huile dans une sauteuse et jetez-y les épinards. Ajoutez la muscade, salez, poivrez et laissez cuire 2 à 3 minutes à feu moyen. Réservez.
Épluchez le céleri. Détaillez-le en tranches les plus fines possible dans tout le diamètre du céleri. Remplissez aux trois quarts une grande marmite d'eau, ajoutez le jus de citron et 1 pincée de sel et portez à ébullition. Faites-y pocher les tranches de céleri pendant 7 minutes en maintenant l'ébullition. Remuez deux ou trois fois pour les empêcher de coller. Égouttez.
Faites réduire la sauce tomate avec le thym et la sarriette 10 minutes environ à feu doux jusqu'à l'obtention d'une compote épaisse. Hors du feu, ajoutez la crème fraîche et assaisonnez.
Dans un plat à gratin de 20 cm sur 30 cm huilé, étalez un tiers des tranches de céleri en gardant les plus belles pour le dessus. Tartinez cette couche de 1 cuillerée à café de moutarde. Recouvrez ensuite toute cette surface de la moitié des épinards, puis de la moitié de la sauce et enfin du tiers du fromage. Renouvelez l'opération en terminant par une couche de céleri en faisant se chevaucher joliment les tranches. Parsemez du reste de fromage.
Enfournez et laissez cuire 40 minutes jusqu'à ce que le dessus soit bien doré. Servez en grosses portions carrées.

Vous pouvez préparer ce plat à l'avance et le réserver au frais avant de le passer au four.

Chanterelle

Ce nom chantant cache en vérité de grandes timides qui se dissimulent volontiers sous la mousse. Armé de patience et du sens de l'observation, on les trouve dans les forêts de feuillus ou de conifères, parfois en quantité importante. Appelées aussi craterelles, **les chanterelles** ont un chapeau qui rappelle un entonnoir avec des plis très marqués. Si la chair est jaune orangé, ferme, élastique, le pied charnu, de même couleur que le chapeau, il s'agit plutôt de la girolle, *Cantharellus cibarus*, à l'odeur fruitée, et d'excellente saveur. Si le chapeau, de tons fauves à brunâtres, en entonnoir, communique avec la cavité du pied, si ce pied vire à l'orange, il s'agit de la chanterelle, *Cantharellus tubaeformis*. Évitez de la laver, elle se gorgerait d'eau et perdrait en goût. Essuyez-la avec du papier absorbant, de préférence. Elle accompagne à merveille volailles de Noël ou ragoûts. On la conservera très facilement en la faisant sécher, nettoyée comme précédemment, étalée à l'ombre dans un endroit ventilé.

CHANTERELLES AUX TOMATES CONFITES

Pour 4 personnes
Préparation : 35 minutes
(+ 6 heures au frais)
Cuisson : 3 à 4 heures

Ingrédients

500 g de chanterelles
1 kg de tomates
1 cuillerée à soupe de thym effeuillé
3 cuillerées à soupe de ciboulette ciselée
1 cuillerée à soupe de vinaigre de xérès
18 cl d'huile d'olive
2 cuillerées à soupe de sucre roux
Sel
Poivre du moulin

Sortez la plaque du four et préchauffez-le à 50 °C (th. 1).
Mélangez 10 cl d'huile d'olive et le thym. Épluchez, épépinez et coupez les tomates en quatre quartiers. Disposez-les sur la plaque de four recouverte de papier sulfurisé. Badigeonnez-les d'huile parfumée, au pinceau. Sucrez et salez légèrement.
Mettez au four et laissez les tomates confire pendant 3 ou 4 heures, porte entrouverte.
Ôtez la partie terreuse du pied des champignons et essuyez les champignons avec un torchon humide.
Mettez les chanterelles dans un saladier et arrosez du reste d'huile et de vinaigre. Laissez mariner 6 heures au frais.
Au moment de servir, salez et poivrez les champignons. Mélangez et parsemez de ciboulette. Servez entouré de tomates confites.

Cette recette peut être réalisée avec des girolles.

Il ne vaut guère mieux être dedans que se le prendre. Quant à « L'Homme à la tête de chou », il peut témoigner que les expressions populaires autour du chou véhiculent rarement des sentiments élogieux. Pourtant, les garçons ne sont-ils pas nés dans les choux ? Simultanément, leur nombre ne souligne-t-il pas l'importance de ce légume connu depuis la nuit des temps ?
À l'origine, les premiers choux cultivés appartenaient à des variétés qui se récoltaient feuille à feuille, un peu à l'image de notre chou frisé, qui a déserté les tables familiales, probablement coupable d'évoquer une alimentation paysanne estimée trop rustique. Les nouveautés, telles le chou-fleur, le brocoli, le chou chinois, légumes d'apparition plutôt récente sur les marchés, prendront vite – et largement – la meilleure part de la consommation.
Côté santé, les vertus du chou, aujourd'hui scientifiquement mieux cernées, s'avèrent multiples : richesse en fibres et en vitamine C, teneur en substances protectrices contre le cancer, présence de flavonoïdes qui diminuent les risques de maladies cardio-vasculaires.
Le chou offre en outre, de par le choix des variétés, une infinité de possibilités susceptibles de garnir nos assiettes, tout au long de l'année.
Chou pommé de forme ronde ou allongée, voire pointue, à feuilles lisses, **le chou cabus**, plante à grand développement, requiert une importante surface au sol et une bonne humidité. Ceci explique pourquoi les zones les plus favorables à sa culture se situent dans les régions côtières. Ailleurs, il importe de pailler le sol pour en éviter le dessèchement et réduire l'évaporation.
Pour profiter de ce légume toute l'année, il suffit de choisir des variétés bien adaptées à la saison. Il s'accommode du froid, gèle sans en être altéré, et même en devient plus tendre. Il se prête particulièrement bien aux salades, comme son jumeau le chou rouge, ainsi qu'aux gratins ou aux farcis.

Domestiqué depuis 5000 ou 6000 ans, connu des Grecs comme herbe médicinale, des Celtes, des Germains et des Romains comme mets dont ils raffolaient, le chou est passé de huit ou dix espèces cultivées sous César à plusieurs centaines aujourd'hui.
Élu roi des légumes depuis longtemps, le chou n'a cessé de se transformer : améliorations pour les cultivateurs, « monstruosités » pour les botanistes. Parmi elles, **le chou-fleur et le brocoli** : la particularité de l'un comme de l'autre veut que l'on consomme leurs inflorescences, c'est-à-dire leurs boutons de fleurs.
Côté consommation, le chou-fleur tient le premier rang, se présente en blanc quand l'autre se met au vert, vient du Moyen-Orient (Syrie ?) quand l'autre, semble-t-il, débarque d'Italie. Nos marchés proposent des variétés tout à fait étonnantes, tel le romanesco, surprenant par sa forme, ou le violet, par sa couleur. Leur cuisson rapide, leur saveur et leur finesse justifient leur succès.

Souvent confondu avec le rutabaga, **le chou-rave** hérite injustement de sa mauvaise presse, alors qu'il s'avère tout à fait délicieux. Cru, il se présente juteux, cuit, il est fondant. Sa particularité tient au fait que ce soit un renflement de la tige, à la base des pétioles, juste au-dessus du sol, qui forme le légume.
Comme les autres choux, les choux-raves se sèment en caissettes, en avril, et se repiquent en pleine terre quand les pieds présentent quatre ou cinq feuilles. De culture gourmande tant en éléments nutritifs qu'en eau, leur récolte débute trois mois plus tard.
Ramassés avant les grands froids, ils se conservent très longtemps en caisses de sable.

SALADE DRÔMOISE

Pour 4 personnes Préparation : 20 minutes

Ingrédients

1 chou cabus
1 fromage de chèvre demi-sec (100 g)
2 pommes
100 g de cerneaux de noix
50 g de raisins secs
8 fleurs de capucine
1 cuillerée à soupe de câpres
1 gousse d'ail
1 pincée de paprika doux
1 petit bouquet de coriandre fraîche
2 tranches de pain complet
2 cuillerées à soupe de sauce de soja
2 cuillerées à soupe de vinaigre de cidre
6 cuillerées à soupe d'huile d'olive

Émincez le chou en fines lanières. Coupez le fromage en petits morceaux et les pommes en petits dés. Taillez les tranches de pain en cubes et faites-les dorer dans 2 cuillerées à soupe d'huile.
Dans un grand saladier, mélangez la gousse d'ail écrasée, le reste d'huile, la sauce de soja et le paprika. Ajoutez-y le chou, les pommes, les raisins, les câpres et les noix, puis mélangez le tout. Faites chauffer le vinaigre, versez-le sur la salade et mélangez à nouveau. Parsemez de morceaux de chèvre, de coriandre ciselée et de petits croûtons. Disposez les fleurs et servez.

MOUSSES AUX DEUX CHOUX

Pour 4 personnes
Préparation : 30 minutes
(+ 2 heures au réfrigérateur)
Cuisson : 10 minutes

Ingrédients

250 g de chou-fleur
250 g de brocoli
2 œufs
1 pincée de muscade
2 cuillerées à soupe de poivre rose
2 cuillerées à café rases d'agar-agar
(2 sachets de 2 g)
25 cl de crème fraîche
25 cl de crème liquide
Le jus de 1/2 citron
10 cl de lait
Sel

Lavez le chou-fleur et le brocoli, puis faites-les cuire à la vapeur séparément pendant 10 minutes. Mixez-les, toujours séparément, pour avoir une purée lisse. Salez et assaisonnez de muscade.
Mélangez l'agar-agar et le lait. Dans une casserole, faites chauffer le mélange à feu doux, jusqu'au début de l'ébullition. Réservez dans un petit bol la moitié du mélange.
Mélangez à l'autre moitié la purée de chou-fleur. Portez à ébullition et maintenez-la pendant 2 ou 3 minutes. Hors du feu, ajoutez la moitié de la crème fraîche. Procédez de la même façon pour la purée de brocoli avec le reste d'agar-agar. Laissez tiédir les purées.
Battez les blancs en neige très ferme avec 1 pincée de sel. Incorporez-les délicatement à chacune des purées tiédies. Répartissez les purées dans des ramequins en alternant les couches. Laissez prendre 2 heures au réfrigérateur.
Avant de servir, écrasez les baies de poivre rose au pilon. Mélangez le jus de citron et la crème liquide, salez et ajoutez les baies roses. Versez un peu de cette sauce dans des assiettes individuelles et démoulez les mousses par-dessus. Versez encore un peu de sauce pour napper sans masquer les couleurs. Servez aussitôt.

Vous pouvez accompagner ce plat de blinis chauds.

MANDOLINE DE CHOU-RAVE AU BEURRE DE CACAHUÈTE

Pour 4 personnes
Préparation : 25 minutes

Ingrédients

1 ou 2 choux-raves, selon leur grosseur
1 poivron rouge (ou vert)
2 branches de céleri
30 g de raisins secs
2 tranches épaisses de pain bis
2 cuillerées à soupe de coriandre ciselée
2 cuillerées à soupe d'huile de tournesol

Pour la sauce au beurre de cacahuète
1 cuillerée à soupe de beurre de cacahuète
3 cuillerées à soupe de sauce tomate
1 morceau de gingembre de 1 ou 2 cm râpé
1 pincée de paprika doux
2 cuillerées à soupe de sauce de soja
1 cuillerée à soupe de vinaigre de cidre
3 cuillerées à soupe d'huile de tournesol

Coupez les tranches de pain en petits cubes. Faites-les revenir 5 minutes dans 2 cuillerées à soupe d'huile, jusqu'à ce qu'elles soient croustillantes. Réservez.
À l'aide d'un couteau économe, découpez des lanières de chou-rave aussi longues que possible. Épépinez le poivron et coupez-le ainsi que le céleri en petits dés. Mélangez les légumes et les raisins.
Préparez une sauce au beurre de cacahuète : dans un bocal hermétique, mettez le vinaigre, l'huile, le beurre de cacahuète, la sauce tomate et la sauce de soja. Ajoutez-y le gingembre et le paprika. Secouez vigoureusement pour obtenir une sauce homogène.
Mélangez la salade avec une partie des croûtons et de la coriandre. Versez la sauce et remuez. Parsemez du reste de coriandre et des derniers croûtons et servez.

Venu des contreforts de l'Himalaya pour, via la Chine, se répandre en Égypte, **le concombre** était alors déjà affecté, outre à l'alimentation et sous la forme de sa pulpe, aux soins du visage et à la lutte contre les rides. Il mérite la palme d'or de la fraîcheur des légumes d'été, se révélant croquant et juteux dans les salades, prolifique et généreux au jardin. Dès le semis, en godet et sous abri, puis plus tard, replanté quand les gelées ne sont plus à craindre, il demande de la chaleur, de l'eau et du compost, comme pendant toute sa croissance. Il produit des fruits de juillet à octobre, vite poussés, vite préparés. Il se rencontre souvent dans la cuisine grecque avec du fromage frais ou du yaourt. Il s'associe remarquablement avec l'aneth et la menthe. Si les variétés hybrides ont édulcoré son amertume, il reste avantageux de le faire dégorger avec du sel, pour le rendre plus digeste.

FAUSSE TRUFFE EN COCARDE

Pour 4 personnes
Préparation : 10 minutes

Ingrédients

1 concombre de 25 à 30 cm de longueur environ
1 petit pot de tapenade de 150 g environ
1 fromage de chèvre frais (100 g)
4 cuillerées à soupe d'huile d'olive
Sel
Poivre du moulin
Piques en bois pour apéritif

Épluchez le concombre et coupez-le en deux dans le sens de la longueur. À l'aide d'une cuillère parisienne, retirez le cœur et les pépins bien régulièrement en creusant sur 3 cm de large.
Mélangez l'huile d'olive, le fromage, du sel et du poivre jusqu'à l'obtention d'un mélange onctueux. Remplissez les demi-concombres du mélange sans faire bomber.
À l'aide d'un couteau, faites une rainure de 1 centimètre de large dans le fromage, sur toute la longueur du concombre, et remplissez-la de tapenade. Rassemblez les deux moitiés du concombre bord à bord. La préparation, enveloppée dans un film plastique, peut attendre quelques heures au froid.
Pour servir, coupez des rondelles de concombre de 1,5 cm d'épaisseur environ. Pour maintenir les deux moitiés, enfoncez une pique en bois dans le diamètre des rondelles en laissant dépasser le bâtonnet de part et d'autre.

Servez à l'apéritif, sur des feuilles de salade rouge (type feuille de chêne), accompagné de pain de seigle au cumin.

Nourriture d'immortalité chez les taoïstes, embarcation salutaire sauvant du déluge P'ankou, l'ancêtre mythique des Chinois, symbole d'intelligence par ses graines dans certaines sociétés africaines, la courge n'est peut-être pas celle que l'on croit ! Originaires d'Amérique du Sud où leur culture remonte à des millénaires, les courges, potirons, citrouilles, pâtissons et autres se sont propagés dans le monde entier. Médaille d'or, catégorie poids lourd, elle affiche volontiers les 200 kg. Ses tiges rampantes et exubérantes atteignent plusieurs mètres en quelques semaines. Pour réaliser ces exploits, qui font souvent la fierté du jardinier, elle puise une quantité considérable de substances nutritives dans le sol et requiert beaucoup de place. En contrepartie, elle vous ravira plus tard par ses couleurs, ses formes, ses saveurs, témoignant en un seul légume de l'infinie biodiversité du monde végétal. Salée, sucrée, de l'entrée au dessert en passant par toutes ses déclinaisons décoratives, la courge se prête à tant de préparations qu'il faut oublier les soupes à la citrouille, un peu fades, de nos grands-mères, et tenter les cakes, les tourtes, les crêpes, les terrines, les flans…

En Provence, une courge est une variété d'imbécile qui ne se cultive pas, comme ailleurs, mais « la » courge, c'est **la courge muscade**. Gros fruit très côtelé, de couleur bronze à maturité, elle décline sa chair en orange vif qui se révèle parfumée, musquée. Toute cuisinière sans lien de parenté avec Cendrillon la transforme en tarte ou en confiture, quand elle ne devient pas soupe ou tian, servie sur les tables du « grand souper », le dîner provençal traditionnel du 24 décembre. Sachant la plante très coureuse et très gourmande, il s'avérera astucieux d'enfoncer quelques graines dans le tas de fumier ou de compost, au fond du jardin. En quelques semaines, elle le recouvrira de son feuillage généreux, tout en y trônant comme une reine.

La courge olive, cultivée en France depuis 1880, toujours au catalogue Vilmorin-Andrieux de 1933, tombée en désuétude et presque disparue depuis, reconquiert aujourd'hui les étals en lutte contre l'uniformité alimentaire. « Balancée » comme un ballon de rugby sapé d'un beau vert olive, elle dévoile une chair orange, épaisse, abondante, excellente. Inégalable pour les gratins ou les soufflés, elle se conserve facilement quatre à cinq mois. Découvrez également **la melonnette**, **le patidou**, **le pâtisson** et **le potimarron**, au fil du livre.

COURGE MUSCADE EN SOUPIÈRE

Préchauffez le four à 210 °C (th. 7).
Faites griller le pain. Découpez un chapeau dans la courge et, à l'aide d'une cuillère à soupe, videz-la de ses graines et de ses filaments.
Salez et poivrez l'intérieur, puis remplissez la courge avec le pain grillé, le fromage et la crème, en couches successives. Arrosez de lait, puis ajoutez la muscade et le cube de bouillon émietté. Fermez avec le chapeau, enveloppez le tout d'une grande feuille de papier sulfurisé, puis déposez la courge dans un grand plat allant au four. Enfournez et laissez cuire 3 heures environ.
Vérifiez la cuisson de la courge avec la pointe d'un couteau enfoncé dans le bord : elle doit être tendre. Servez avec une louche en creusant dans la chair.

Pour 8 personnes
Préparation : 20 minutes
Cuisson : 3 heures

Ingrédients

1 courge muscade de 4 kg
200 g de comté râpé
8 tranches de pain bis
1 pincée de muscade
1 cube de bouillon
25 cl de lait
50 cl de crème fraîche
Sel
Poivre du moulin

CURRY DE COURGE OLIVE

POUR 4 PERSONNES PRÉPARATION : 20 MINUTES
CUISSON : 35 MINUTES

INGRÉDIENTS

- 2,5 kg de courge olive
- 1 ou 2 oignons
- 2 gousses d'ail
- Les graines de 5 gousses de cardamome
- 1 morceau de gingembre de 2 cm râpé
- 3 cuillerées à soupe de noix de coco en poudre
- 1 cuillerée à café de cannelle en poudre
- 2 cuillerées à café de curry en poudre
- 1 cuillerée à café de cumin en grains
- 1 cuillerée à café de coriandre en grains
- 1 clou de girofle
- 1 cuillerée à soupe de graines de moutarde noires
- 1 pincée de muscade
- 1 cuillerée à café de thym effeuillé
- Quelques brins de coriandre
- 1 cube de bouillon
- 2 cuillerées à soupe d'huile d'olive

Retirez les graines du cœur de la courge et épluchez-la. Détaillez-la en gros cubes. Écrasez au pilon le cumin, la coriandre, le clou de girofle, les graines de cardamome, les graines de moutarde et l'ail. Épluchez et émincez l'oignon.

Dans un faitout ou une petite marmite, faites revenir l'oignon dans l'huile sans le laisser colorer 2 à 3 minutes à feu doux. Ajoutez l'ail et les épices, remuez sans arrêt pendant 1 minute, puis ajoutez la noix de coco en tournant pour bien la mélanger aux épices. Enfin, ajoutez la courge et laissez cuire 5 minutes sur feu très doux en remuant régulièrement.

Délayez le cube de bouillon dans 50 cl d'eau et versez-le dans le faitout. Ajoutez le thym et portez à ébullition. Couvrez et laissez mijoter 30 minutes environ. La courge doit être fondante sans se défaire. Servez parsemé de coriandre fraîche.

En l'absence de courge olive, choisissez une variété peu aqueuse, comme le potimarron par exemple.

CAKE DE COURGE OLIVE

Préchauffez le four à 180 °C (th. 6).
Épluchez la courge, retirez les graines et coupez-la en dés. Faites-la cuire à la vapeur 20 minutes environ. Réduisez-la en purée avec 1 pincée de sel.
Battez les œufs et le sucre, puis ajoutez-y la farine, la levure, la poudre d'amandes, l'huile, le zeste de citron et la vanille. Mélangez bien pour obtenir une pâte homogène.
Graissez un moule à cake de 25 cm de longueur, versez-y la préparation et faites cuire 40 minutes. Vérifiez la cuisson du cake en le piquant avec la pointe d'un couteau, elle doit en ressortir sèche. Sinon poursuivez la cuisson une dizaine de minutes. Servez ce cake tiède, coupé en tranches.

Pour 4 personnes
Préparation : 20 minutes
Cuisson : 1 heure

Ingrédients

500 g de courge olive
100 g de poudre d'amandes
3 œufs
Le zeste de 1 citron
150 g de farine
1 sachet de levure sans phosphate (10 g)
1 cuillerée à café d'extrait de vanille liquide
10 cl d'huile d'olive
(+ un peu d'huile pour le moule)
125 g de sucre roux
Sel

Courgette

Les Indiens d'Amérique du Sud se nourrissaient d'*askutasquash* plusieurs millénaires avant notre ère. À son arrivée sur le continent, à la Renaissance, les Européens la boudèrent avant de l'adopter deux siècles plus tard. Les Italiens l'apprécièrent en premier, alors que nos compatriotes, plus timorés, la jugeaient trop fade et aqueuse. Cantonnée dans les cuisines méditerranéennes, **la courgette** finit par franchir la Loire dans les années 50. Crue ou cuite, sautée ou à la vapeur, en ratatouille ou en salade, la courgette est de tous les accompagnements. Elle se valorise, simplement, avec l'ail, l'oignon, les tomates et les poivrons, les herbes dites de Provence, ou en préparation plus élaborée, farcie, ou encore en soufflé, qui en souligne sa délicatesse. Ronde ou longue, verte, jaune ou blanche, autant d'aspects d'un même légume qui se décline en différentes variétés. De culture facile et productive, elle s'étale dans tous les jardins, bien qu'elle aime le soleil, l'eau et le compost.

ROULADE DE COURGETTES AUX CHANTERELLES

Pour 4 personnes
Préparation : 45 minutes
Cuisson : 30 minutes

Ingrédients

Pour la roulade

500 g de courgettes longues
4 œufs
2 échalotes
1 pincée de curry
1 pincée de muscade
1 cuillerée à soupe de persil haché
1 cuillerée à soupe de sarriette effeuillée
1 cuillerée à soupe d'huile d'olive
Sel

Pour la garniture

250 g de chanterelles
1 gousse d'ail
1/2 cuillerée à café de thym effeuillé
1 cuillerée à soupe de farine
1 cube de bouillon
15 cl de lait
2 cuillerées à soupe de crème fraîche
2 cuillerées à soupe d'huile d'olive (+ un peu d'huile pour la plaque)
Sel
Poivre du moulin

Sortez la plaque du four et préchauffez-le à 200 °C (th. 6-7). Râpez les courgettes avec une râpe à gros trous. Séparez les blancs des jaunes d'œufs.

Émincez les échalotes et faites-les revenir dans l'huile d'olive quelques minutes. Ajoutez les courgettes et la sarriette, puis laissez suer 7 à 8 minutes en remuant régulièrement.

Versez le tout dans un grand saladier et ajoutez les jaunes d'œufs, 1 pincée de sel, le curry, le persil et la muscade. Mélangez.

Battez les blancs en neige avec 1 pincée de sel. Mélangez 2 cuillerées à soupe de blancs en neige à la préparation aux courgettes, pour l'alléger. Incorporez le reste des blancs en neige en deux fois, en soulevant la préparation délicatement pour l'enrober.

Recouvrez la plaque du four de papier sulfurisé. Versez-y le mélange en un rectangle de 20 cm sur 30 cm environ. Égalisez à la spatule. Faites cuire 12 minutes au four. La préparation doit rester souple et moelleuse au toucher. À la sortie du four, couvrez d'un linge propre et laissez refroidir.

Baissez le four à 120 °C (th. 4).

Préparez la garniture : nettoyez les chanterelles, sans les laver, avec du papier absorbant.

Faites revenir les chanterelles avec l'huile d'olive, la gousse d'ail et le cube de bouillon, jusqu'à ce qu'elles aient rendu leur eau de végétation. Saupoudrez de thym. Ajoutez la farine, mélangez pour enrober les champignons, puis versez le lait sans cesser de mélanger. Quand le mélange est bien homogène, éteignez le feu. Incorporez la crème fraîche, salez et poivrez.

Huilez une feuille de papier sulfurisé de la taille de la plaque de cuisson. Retournez dessus le rectangle et décollez doucement le papier de cuisson. Répartissez la garniture sur toute la surface. Roulez en vous aidant de la feuille du dessous, en commençant par le petit coté. Égalisez les extrémités de la roulade et badigeonnez-en le dessus de crème fraîche. Remettez-la au four 10 minutes, pour la réchauffer, en la laissant sur le papier.

Faites glisser la roulade sur un plat de service garni d'une chiffonnade de salade et servez avec des galettes feuilletées aux graines de coquelicot (voir recette p. 154).

COURGETTES RONDES FARCIES

Pour 4 personnes
Préparation : 30 minutes
Cuisson : 50 minutes

Ingrédients

16 petites courgettes rondes
(12, si elles sont grosses)
1/2 poivron rouge
125 g de tofu fumé
50 g de parmesan
fraîchement râpé
2 œufs
1 oignon
1 gousse d'ail
1 morceau de gingembre
de 1 cm râpé
2 branches de marjolaine
2 branches de thym
2 cuillerées à soupe d'huile d'olive
Sel

Préchauffez le four à 180 °C (th. 6).
Portez à ébullition 2 litres d'eau salée.
Découpez un chapeau à chaque courgette, côté pédoncule. Blanchissez les courgettes et leur chapeau en les plongeant dans l'eau bouillante pendant 10 minutes. Égouttez-les. Creusez l'intérieur de chaque courgette sans les déchirer et en laissant 1 cm de chair sur les côtés et au fond. Laissez-les s'égoutter à l'envers dans une assiette, pendant que vous préparez la farce.
Hachez grossièrement la chair récupérée. Coupez le poivron en petits dés. Émincez l'oignon. Râpez le tofu fumé avec une râpe à gros trous.
Faites revenir l'oignon dans l'huile d'olive quelques minutes à feu doux. Ajoutez le poivron, la chair des courgettes et l'ail émincé, puis laissez cuire pendant 5 minutes.
Ajoutez ensuite le tofu fumé et le gingembre et poursuivez la cuisson encore 5 minutes en remuant. En fin de cuisson, salez et augmentez éventuellement le feu pour faire évaporer l'eau des courgettes restante. Remuez bien pour ne pas laisser attacher.
Hors du feu, incorporez les œufs battus, la marjolaine et le thym effeuillés, et le parmesan. Remplissez les courgettes de cette farce avec une petite cuillère et remettez les chapeaux.
Déposez les courgettes dans un plat allant au four et arrosez d'un filet d'huile d'olive. Enfournez et laissez cuire 35 minutes environ jusqu'à ce que la farce soit prise. Ajoutez 2 cuillerées à soupe d'eau en cours de cuisson, si nécessaire.

Servez chaud ou froid avec un coulis de tomates (voir recette p. 94).

Courgette (fleur de)

Dès les premiers rayons du soleil, **les fleurs de courgette**, jaunes, orangées, en forme de calice, s'offrent aux abeilles qui y plongent, s'y enivrent de pollen et en émergent titubantes, toutes poudrées du nectar jaune dont elles se sont délectées.
Une fois farcies, ces fleurs, comme les fleurs de courge, de potiron et autres cucurbitacées, enchantent également les convives. Pour ce faire, levez-vous tôt, en tout cas avant que le soleil n'atteigne son zénith, car les fleurs vont se refermer très hermétiquement ; tenter alors de les farcir risque de les déchirer et de gâcher le plaisir annoncé. Ne cueillez que les fleurs mâles, dotées d'un pédoncule simple. Celui des fleurs femelles se présente sous la forme du fruit qu'elles développeront si la fécondation s'est effectuée sans travers. Cueillez les fleurs mâles, certes, mais prenez soin d'en laisser quelques-unes pour assurer la fécondation.

FLEURS DE COURGETTE FARCIES

Pour 4 personnes
Préparation : 25 minutes
Cuisson : 30 minutes

Ingrédients

20 fleurs de courgette
4 courgettes longues
175 g de tomme de brebis
50 g de chapelure de pain bis
2 œufs
1 gousse d'ail
1 pincée de paprika doux
1 morceau de gingembre de 1 cm râpé
2 cuillerées à soupe de basilic ciselé
2 cuillerées à soupe de persil haché
1 cuillerée à soupe de thym effeuillé
10 cl de vin blanc sec
2 cuillerées à soupe d'huile d'olive (+ un peu d'huile pour le plat)

Préchauffez le four à 150 °C (th. 5).
Coupez les courgettes en grosses rondelles et faites-les cuire à la vapeur pendant 10 minutes. Égouttez-les. Mixez-les au robot avec les épices, les herbes, la chapelure, le fromage râpé, l'huile d'olive et les œufs, afin d'obtenir une fine purée. Si elle est trop liquide, ajoutez un peu de mie de pain.
Huilez un grand plat rond allant au four et pouvant être présenté à table.
Farcissez les fleurs, refermez-les, et déposez-les au fur et à mesure dans le plat, en rond pour créer une fleur. Arrosez d'huile d'olive et faites cuire 15 minutes au four.
Déglacez le plat avec le vin blanc et remettez-le au four pendant 5 minutes. Servez dans le plat.

Foin d'apparence, c'est **l'épinard** qui va rendre Popeye célèbre et non l'inverse ! Car n'était-il pas déjà populaire dès les XIIe et XIIIe siècles, sa précocité assurant sa disponibilité pour le temps du carême ? Légume des jours courts, il en résulte que sa culture dépend étroitement de la durée du jour et de l'humidité. Production de demi-saison, période où les légumes sont encore rares, il apporte au printemps une savoureuse note de fraîcheur dans les salades, avec ses feuilles tendres et charnues. Gourmand des nitrates des sols fortement azotés qu'il restitue sous forme de nitrites, particulièrement toxiques, il doit être choisi de préférence issu de l'agriculture biologique.

L'épinard sauvage, qu'il soit chénopode blanc, Bon Henri ou autre, plante commune poussant près des lieux habités, fait davantage figure de mauvaise herbe que de plante comestible méritant notre intérêt. Aussi commun que méconnu, il arbore des feuilles triangulaires, vert foncé, tout à fait semblables à celles de l'épinard des maraîchers. Comme il est proche par ses qualités culinaires de son homologue apprivoisé, toutes les façons d'accommoder ce dernier lui conviennent. Il se récolte au fil du printemps – l'été, il prend en vieillissant quelque âcreté –, et se prépare en détachant les feuilles de la tige centrale, en les équeutant, comme ses congénères de culture.

SALADE D'ÉPINARDS AU BLEU DU QUEYRAS

Pour 4 personnes
Préparation : 15 minutes

Ingrédients

250 g d'épinards jeunes (bien développés et tendres)
50 g de bleu du Queyras
50 g de cerneaux de noix
15 cl de crème liquide
2 cuillerées à soupe de ciboulette hachée
Sel
Poivre du moulin

Retirez les feuilles extérieures fanées ou trop grosses des bouquets d'épinards. Équeutez les autres. Lavez-les, égouttez-les et coupez-les grossièrement dans un saladier.
Hachez les noix grossièrement. Écrasez bien le fromage et incorporez-y la crème pour réaliser une préparation onctueuse. Ajoutez la moitié de la ciboulette et les noix, puis mélangez. Nappez la salade de sauce. Parsemez du reste de ciboulette et remuez. Salez et poivrez, si nécessaire. Servez avec des tranches de pain de seigle.

D'autres variétés de fromage à pâte persillée conviendront tout autant pour cette recette, apportant chacune leur particularité.

CRÊPES FARCIES AUX ÉPINARDS ET AUX AMANDES

Pour 4 personnes
Préparation : 20 minutes
(+ 1 heure de repos pour la pâte)
Cuisson : 30 minutes

Ingrédients

Pour les crêpes
3 œufs
200 g de farine
40 cl de lait
15 cl de crème liquide
1 cuillerée à soupe d'huile d'olive
(+ un peu d'huile pour la cuisson des crêpes)
Sel

Pour la farce
300 g de jeunes épinards sauvages
2 toffinelles aux épinards (en magasin bio)
50 g d'amandes mondées
50 g de parmesan fraîchement râpé
1 gousse d'ail
1 pincée de muscade
Huile pour le moule et la cuisson
Sel
Poivre du moulin

Préparez la pâte à crêpes : mettez la farine et un peu de sel dans un saladier, faites un puits et versez-y les œufs, le lait et l'huile. Remuez pour mélanger progressivement la farine au liquide et obtenir une pâte homogène. Laissez reposer 1 heure à température ambiante.

Préparez la farce : équeutez les épinards et lavez-les. Versez un peu d'huile dans une casserole et faites-y revenir la gousse d'ail 1 minute sans la laisser colorer, puis les épinards 10 minutes à feu doux, jusqu'à ce que toute l'eau de végétation soit évaporée et les épinards fondus. Pressez pour extraire le reste d'eau.

Dans le bol du robot, mixez grossièrement les toffinelles, les amandes entières, le parmesan et les épinards. Il faut que les amandes soit juste concassées et non réduites en poudre. Assaisonnez avec du poivre, du sel et la muscade.

Faites cuire les crêpes. Mettez un peu d'huile à chauffer dans une poêle de 20 cm de diamètre et versez un peu de pâte pour couvrir le fond. Faites cuire 2 ou 3 minutes jusqu'à ce que le dessus soit pris et l'envers doré. Retournez la crêpe et faites dorer l'autre coté. Préparez ainsi 8 crêpes en les empilant au fur et à mesure de leur confection sur du papier sulfurisé et en les couvrant d'une assiette renversée.

Préchauffez le four à 150 °C (th. 5).

Garnissez les crêpes de la préparation aux épinards, roulez-les et disposez-les dans un plat à gratin rectangulaire huilé. Nappez de crème et faites gratiner 15 minutes au four.

GÂTEAU DE PRINTEMPS

Pour 4 personnes
Préparation : 40 minutes
Cuisson : 1 heure 45

Ingrédients

150 g d'épinards sauvages
4 à 6 grandes feuilles de chou vert
150 g de sommités d'ortie
50 g d'oseille sauvage
150 g de poireaux sauvages
100 g de feuilles de blette
2 œufs
1 pincée de muscade
1 cuillerée à soupe de persil haché
1 cuillerée à soupe de ciboulette hachée
1 cuillerée à soupe de cerfeuil haché
1 cuillerée à soupe d'estragon haché
1 ou 2 échalotes
20 cl de crème fraîche
3 ou 4 cuillerées à soupe d'huile d'arachide
(+ un peu d'huile pour le moule)
Sel
Poivre du moulin

Sortez la plaque du four et préchauffez-le à 180 °C (th. 6).
Dans une grande casserole, portez à ébullition de l'eau salée. Parez les feuilles de chou pour enlever leurs grosses côtes. Blanchissez-les 5 minutes dans l'eau bouillante salée. Égouttez, réservez. Lavez et préparez les épinards, les orties, l'oseille, les feuilles de blette en retirant les tiges les plus grosses. Coupez les poireaux en petits tronçons de 1 cm.
Faites fondre chaque légume séparément dans l'huile pour les attendrir et leur faire perdre leur eau de végétation pendant 5 à 10 minutes, selon les légumes. Salez légèrement. Hachez au couteau les légumes, à l'exception des poireaux.
Battez les œufs avec la crème, puis ajoutez l'échalote hachée et les herbes. Salez, « muscadez », poivrez.
Tapissez un petit moule à charlotte huilé de feuilles de chou, de telle sorte qu'elles débordent suffisamment pour être repliées sur le dessus du gâteau une fois le moule garni. Intercalez les couches de légumes et la crème de liaison. Refermez en repliant les feuilles de chou sur le dessus.
Recouvrez le gâteau de papier sulfurisé, enfournez-le au bain-marie et laissez-le cuire 1 heure 15. Attendez 15 minutes avant de démouler et servez avec un coulis de tomates bien relevé.

Si vous êtes loin des lieux de cueillette, épinards, oseille et poireaux du marché seront tout autant mis en valeur dans ce gâteau de légumes.

Le fenouil se trouve sur les pourtours de la Méditerranée et dans le Sud-Est asiatique. À l'état sauvage, il est utilisé pour ses feuilles et ses graines : c'est le fenouil officinal, utilisable en cuisine pour son goût aromatique légèrement sucré. Le fenouil de Florence, l'une des variétés cultivées et sélectionnées depuis plusieurs siècles en Italie pour ses bulbes, est le fenouil potager. Il aime le soleil, les terres riches, profondes et bien drainées. Son goût anisé, son feuillage doux et décoratif, sa chair fine, tendre et fraîche font de lui un légume qui ne manque pas de caractère. Accompagnement idéal du poisson, il se mange aussi cru, composant des entrées croquantes et rafraîchissantes, farci, ou sauté avec d'autres légumes qu'il valorisera.

FENOUIL BRAISÉ AUX POMMES ET AU CITRON

Pour 4 personnes
Préparation : 15 minutes
Cuisson : 25 minutes

Ingrédients

6 à 8 bulbes de fenouil (1 kg environ)
2 pommes à cuire
1 côte de céleri
Le zeste de 1/2 citron râpé
50 g de noisettes
2 cuillerées à soupe de purée de sésame
1 cuillerée à soupe de feuilles de mélisse
2 cuillerées à soupe d'huile de sésame (ou de tournesol)
Sel
Poivre du moulin

Épluchez les pommes, épépinez-les et coupez-les en huit. Faites-les sauter dans l'huile pendant 10 minutes à feu moyen, en tournant régulièrement pour les faire dorer de tous les côtés. Elles doivent être tendres sans se défaire. Salez, poivrez et réservez.

Parez la côte de céleri, coupez-la en tronçons de 2 cm. Enlevez les premières couches trop ligneuses des bulbes de fenouil (elles pourront aromatiser un bouillon). Épluchez les bulbes en enlevant les filaments et en coupant les tiges à ras du bulbe. Coupez les bulbes en quatre dans le sens de la hauteur. Gardez les petites feuilles duveteuses des extrémités des tiges pour le décor.

Dans une petite poêle, faites griller les noisettes à sec en secouant sans cesse la poêle pour les empêcher de brûler. Une fois refroidies, enlevez la peau, qui doit s'effriter facilement. Concassez-les grossièrement dans un pilon.

Portez à ébullition 50 cl d'eau dans une casserole pouvant contenir les bulbes de fenouil. Jetez-y le fenouil, le céleri, le zeste de citron, du sel et du poivre. À la reprise de l'ébullition, baissez le feu, couvrez et laissez cuire 10 minutes. Égouttez en conservant le bouillon de cuisson.

Portez le bouillon citronné à ébullition et maintenez l'ébullition pendant 10 minutes environ afin de le faire réduire à 30 cl. Délayez la purée de sésame d'abord dans un peu de bouillon, puis ajoutez ensuite progressivement le reste du bouillon en remuant pour bien lier la sauce. Faites réchauffer le fenouil et les pommes dans la sauce 2 minutes. Rectifiez l'assaisonnement.

Dressez dans un plat creux. Parsemez de feuilles de mélisse et de fenouil ciselées, puis de noisettes. Servez.

Vert, jaune, rouge, nain ou à rame, filet, mangetout ou à écosser, dans la diversité des variétés, on y perdrait son latin. Si c'est probablement Christophe Colomb qui « découvrit » **le haricot** à Cuba, c'est Catherine de Médicis, originaire de Florence, qui l'apporta dans ses bagages, en venant en France épouser Henri II. À l'époque, les variétés cultivées étaient des haricots à rame et à écosser. Aux XVIIIe et XIXe siècles, les variétés naines et les filets sont apparus par le jeu des croisements et des sélections. Depuis, il se range parmi les légumes préférés des Français et des jardiniers.
Les haricots poussent vite, en toutes régions, en tous sols, et ils donnent des récoltes dépassant souvent les espérances. De la famille des fabacées, comme les lentilles, les pois, les fèves et le soja, ils améliorent les sols où ils poussent. En Amérique du Sud, on les retrouve enlacés au maïs au pied duquel ils ont été semés, couple constituant la base alimentaire des plus anciennes civilisations du Nouveau Monde, et astucieuse association permettant de gagner du temps et de la place.

FLANS DE HARICOTS VERTS À LA SAUCE AUX CHAMPIGNONS

Pour 4 personnes
Préparation : 20 minutes
Cuisson : 1 heure 10

Ingrédients

300 g de haricots verts
2 œufs
1 pincée de muscade
1/2 cuillerée à café de curry
2 branches d'estragon
20 cl de crème fraîche
Un peu d'huile pour les ramequins
Sel
Poivre du moulin

Pour la sauce aux champignons
20 g de champignons séchés
30 cl de lait
10 cl de crème liquide

Préchauffez le four à 210 °C (th. 7).
Enlevez les fils des haricots, si nécessaire. Éboutez-les et faites-les cuire à l'eau bouillante salée 20 minutes. Égouttez. Coupez-les en tronçons de 3 cm environ.
Dans un saladier, battez les œufs avec la crème fraîche, la muscade, l'estragon effeuillé et le curry. Ajoutez-y les haricots, salez, poivrez. Huilez 4 ramequins. Versez-y la préparation. Enfournez les ramequins dans un bain-marie et laissez cuire 45 minutes.
Préparez la sauce : dans un moulin à café, réduisez les champignons en poudre fine. Délayez cette poudre dans le lait, portez à ébullition dans une petite casserole et faites mijoter pendant 5 minutes. Liez avec la crème, assaisonnez et gardez au chaud.
Démoulez les flans sur des assiettes chaudes, nappez de sauce et servez.

Quetzalcoatl, dieu de la vie chez les Aztèques, crée l'homme avec son propre sang, puis découvre et lui offre **le maïs** pour qu'il se nourrisse. Les Européens qui abordent l'Amérique constatent que, loin de se cantonner au Mexique, la plante constitue la base de l'alimentation du nord au sud du continent. Sa grande diversité variétale permet en effet sa culture sous toutes les latitudes, et par conséquent sous des climats très divers, jusque sur les plateaux andins et leurs 3 000 m d'altitude. Apporté d'Amérique en compagnie de la pomme de terre, adopté, le maïs devient la base de nombreuses spécialités régionales : polenta en Italie, gaudes en Bourgogne ou en Franche-Comté, millas à Toulouse, biande dans le Béarn, pop-corn sur les fêtes foraines. Le maïs des jardins est le maïs doux, une variété récoltée quand le grain est tendre et laiteux, de la fin de l'été jusqu'au milieu de l'automne, sans attendre que les oiseaux vous précèdent ou que les grains soient devenus durs, farineux et décevants. La coutume suggère de « mettre la marmite à bouillir avant d'aller cueillir les épis » ; c'est dire combien il est préférable de les goûter sans tergiverser !

MAÏS POCHÉ AU BEURRE DE SOUCI

Pour 4 personnes
Préparation : 15 minutes
Cuisson : 5 minutes

Ingrédients

4 épis de maïs doux

Pour le beurre de souci
4 fleurs de souci
125 g de beurre salé
Poivre blanc

Pour préparer les épis de maïs, écartez les feuilles, les cosses, qui enveloppent les épis, sans les détacher, comme si vous épluchiez une banane. Enlevez les barbes avec application et remettez en place les feuilles.
Plongez les épis dans une casserole d'eau bouillante, sans sel car ce dernier durcirait les grains. À la reprise de l'ébullition, laissez-les cuire 5 minutes et égouttez-les.
Détachez les pétales des capitules des soucis, coupez-les en deux ou trois à l'aide de ciseaux. Mélangez-les au beurre en malaxant avec le plat d'un couteau arrondi. Poivrez légèrement.
Retirez les cosses des épis, coupez les deux bouts. Servez-les sous des serviettes humides et chaudes, accompagnés du beurre de souci. Ils se dégustent tout naturellement avec les doigts !

Vous pouvez servir les épis de maïs simplement cuits, grillés ou égrenés en salade, les enfants s'en régalent.
Le beurre de souci se garde quelques semaines au froid et peut s'étendre sur des canapés ou bien se tartiner dans les sandwiches.

La melonnette, courge coureuse et productive, se présente sous l'aspect d'un melon jaune. Originaire du Brésil et dénommée également courge de Pernambouc, elle est cultivée depuis trois siècles par les jardiniers de la région nantaise, d'où une nouvelle appellation : celle de courge de Saint-Julien-de-Concelle.
La melonnette renferme une chair orange, douce, épaisse, très sucrée et absolument délicieuse. Récoltée comme ses sœurs à l'automne, elle se conserve sans encombre jusqu'au printemps et se bonifie avec le temps.

GRATIN DE MELONNETTE AU CANTAL

Pour 4 personnes
Préparation : 15 minutes
Cuisson : 35 minutes

Ingrédients

- 600 g de melonnette
- 200 g de cantal très jeune
- 1 oignon
- 1 cuillerée à café de gingembre râpé
- 1 cuillerée à café de curry
- 1/2 cuillerée à café de cannelle en poudre
- 25 cl de crème liquide
- 2 cuillerées à soupe d'huile d'arachide (+ un peu d'huile pour le moule)
- Sel

Préchauffez le four à 180 °C (th. 6).
Coupez la melonnette en quatre, enlevez les pépins et les filaments du centre. Épluchez les quartiers et coupez-les en cubes de 2 cm de côté environ. Épluchez et émincez l'oignon. Coupez le cantal en lamelles.
Faites sauter l'oignon et les cubes de courge dans l'huile pendant 5 minutes sur feu doux en remuant souvent. Ajoutez les épices et poursuivez la cuisson 1 minute pour bien les mêler aux légumes et développer les arômes.
Huilez un moule à gratin, alternez une couche de légumes, une couche de fromage en salant chaque couche. Renouvelez l'opération jusqu'à l'épuisement des ingrédients en terminant par une couche de fromage et arrosez de crème. Enfournez et laissez cuire 30 minutes, jusqu'à ce que le dessus soit bien doré et la courge fondante.
Servez dans le plat de cuisson, à la spatule.

Ceux de plein écran figurent parmi les plus consommés et les enfants eux-mêmes ne donnent pas leur part au chien. Celui de plein étal, même garanti ni dur ni véreux, indemne de texture filandreuse, jouit rarement d'une image propre à exciter les papilles. Trop commun ? Trop rustique ? Pourtant, judicieusement choisi, consommé jeune et sans attendre, apprêté avec attention, **le navet** s'avère un légume fin et savoureux, qu'il se décline en long ou en rond, en blanc, en jaune ou en violet. Côté culture, comme la plupart des crucifères auxquelles il appartient, il suffira d'un apport continu en éléments fertilisants et d'un arrosage suivi pour lui assurer une pousse régulière.

FRICASSÉE DE TROIS NAVETS AU SÉSAME

Pour 4 personnes
Préparation : 10 minutes
Cuisson : 30 minutes

Ingrédients

600 g de navets blancs
600 g de navets à collet violet
600 g de navets jaunes
1 gousse d'ail
2 cuillerées à soupe de graines de sésame
1 cuillerée à café de persil haché
1 cuillerée à café de fleur de thym
1 cuillerée à café de ciboulette ciselée
3 cuillerées à soupe d'huile d'olive
Sel

Préchauffez le four à 150 °C (th. 5).
Lavez les navets, débitez-les en petits cubes et mettez-les dans un plat allant au four avec un couvercle bien ajusté. Arrosez d'huile et salez légèrement. Mettez au four pendant 30 minutes en secouant le plat de temps en temps.
Faites griller les graines de sésame à sec 1 ou 2 minutes dans une petite poêle couverte, en secouant continuellement.
Vérifiez la cuisson des navets en goûtant, ils doivent être fondants. Ajoutez l'ail émincé et les herbes, mélangez, et parsemez de graines de sésame. Servez les navets tels quels ou en accompagnement.

Le temps de cuisson peut varier selon la fraîcheur des légumes.

De l'Occident jusqu'en Asie, nos ancêtres cueilleurs se nourrissaient déjà à la préhistoire d'oignons existant à l'état sauvage. Il figure ainsi parmi les plus anciens légumes consommés puis cultivés par les hommes. Les Égyptiens, en particulier, qui lui attribuaient des pouvoirs magiques, entreprirent sa culture dès les premières dynasties. De la quasi-vénération que lui vouaient ces derniers jusqu'à ses multiples usages thérapeutiques avérés au cours des siècles, **l'oignon** a traversé le temps pour apparaître aujourd'hui incontournable, tant au potager qu'en cuisine. Voilà qui s'accorde au mieux avec une culture peu exigeante, adaptée à tous les sols (sauf en cas d'excès d'humidité), ne requérant ni trop de place ni trop de travail. L'oignon accompagne chaque légume en le mettant en valeur, apporte fraîcheur et piquant aux salades, moelleux et douceur aux plats mijotés. Arborant une livrée blanche, jaune ou rouge, il ne compte plus aujourd'hui que quelques dizaines de variétés dans les catalogues, alors qu'il en comptait, au XIXe siècle, près de trois cents dans celui de Vilmorin.

L'oignon blanc, récolté tôt, se consomme avec les fanes vertes. Il est de tous les festins printaniers, et on peut également le confire au vinaigre, laissant pour le reste de l'année le souvenir de sa fraîcheur et de sa douceur.

L'oignon jaune, c'est l'oignon de garde, la petite note chaude, piquante et sucrée, qui accompagne mille et un plats tout au long de l'année.

Parce que plus doux, **l'oignon rouge** fait figure d'ingrédient idéal dans les salades. Coloré et fondant, plus sucré aussi, sa couleur et ses nuances apportent une touche supplémentaire à la cuisine. Il se consomme tout aussi bien frais que sec.

SALADE DE POIVRONS AUX PETITS OIGNONS

Pour 4 personnes
Préparation : 30 minutes
Cuisson : 1 heure

Ingrédients

350 g de petits oignons blancs
4 poivrons
50 g de raisins secs
1 poignée d'olives noires
1 pincée de paprika doux
1/2 cuillerée à café de graines de coriandre concassées
Quelques brins de persil haché
1 branche de thym
1 feuille de laurier
1 cuillerée à soupe de vinaigre de cidre
2 cuillerées à soupe de concentré de tomate
5 cuillerées à soupe d'huile d'olive
2 cuillerées à soupe de sucre roux
Sel
Poivre du moulin

Allumez le gril du four.
Mettez les poivrons sous le gril pendant 10 à 15 minutes en les retournant régulièrement pour que la peau noircisse et se cloque sur toutes les faces. Sortez-les du four et enfermez-les dans un sac en plastique jusqu'à ce qu'ils soient tièdes. Il sera alors facile de les éplucher.
Quand les poivrons sont tièdes, ôtez la peau, les membranes et les pépins. Coupez les poivrons en fines lanières, arrosez-les de 2 cuillerées à soupe d'huile d'olive. Salez, poivrez et réservez.
Épluchez les oignons, mettez-les dans une casserole avec 15 cl d'eau (1 verre), le reste d'huile d'olive et tous les autres ingrédients, sauf les olives. Laissez mijoter 45 minutes à feu doux jusqu'à ce que les oignons soient tendres. Retirez la feuille de laurier et les brins de thym.
Mélangez brièvement les oignons et les poivrons et rectifiez l'assaisonnement. Parsemez d'olives et servez cette salade à température ambiante.

OIGNONS FARCIS À LA BROUSSE

Pour 4 personnes
Préparation : 35 minutes
Cuisson : 1 heure

Ingrédients

4 gros oignons jaunes
200 g de brousse de brebis
80 g de tofu fumé
1 œuf
2 cuillerées à soupe de persil haché
1 cuillerée à soupe de sarriette effeuillée
15 cl de crème liquide
Sel

Épluchez les oignons et incisez-les verticalement jusqu'au centre. Déposez-les ainsi préparés dans une grande casserole d'eau bouillante salée. Baissez le feu, laissez bouillir 15 minutes et égouttez. Les oignons sont ainsi entrouverts, rendant plus facile la séparation des couches.
Préchauffez le four à 180 °C (th. 6).
Récupérez le cœur des oignons et réservez les feuilles. Hachez les cœurs et mélangez-les avec la brousse à l'aide d'une fourchette. Râpez le tofu à la grosse grille et ajoutez-le au mélange oignons-brousse. Ajoutez, le persil, la sarriette et l'œuf. Salez et mélangez.
Remplissez chaque feuille d'oignon de cette farce, en enroulant la feuille autour de la farce. Rangez-les au fur et à mesure dans un plat à gratin. Recouvrez de crème et faites cuire 45 minutes au four jusqu'à ce que les oignons soient uniformément dorés. Servez dans le plat de cuisson.

SALADE D'OIGNONS CUITS AU FOUR

Pour 4 personnes
Préparation : 10 minutes Cuisson : 1 heure 15

Ingrédients

8 gros oignons rouges
8 clous de girofle
1 petit bouquet de persil

Pour la sauce au gingembre et aux épices
1 morceau de gingembre de 2 cm finement râpé
2 pincées de paprika doux
2 pincées de cumin en poudre
1 cuillerée à soupe de tamari (sauce de soja)
1 cuillerée à soupe de vinaigre balsamique
3 cuillerées à soupe d'huile d'olive

Préchauffez le four à 150 °C (th. 5).
Piquez chaque oignon non épluché de 1 clou de girofle. Enfournez-les et laissez-les cuire 1 heure 15 jusqu'à ce qu'une lame de couteau s'enfonce sans résistance. Sortez-les du four et, dès qu'ils sont moins chauds, épluchez-les, puis hachez-les finement au couteau.
Mélangez tous les ingrédients de la sauce. Enrobez-en les oignons et parsemez-les de persil haché.

Servez sur des tranches de pain grillé.

QUICHE D'OIGNONS ROUGES À L'OSEILLE

Pour 4 personnes
Préparation : 35 minutes
Cuisson : 1 heure 20

Ingrédients

1 kg d'oignons rouges
300 g de fromage blanc très égoutté
250 g de pâte brisée
3 œufs
1 pincée de muscade
200 g de feuilles d'oseille
15 cl de crème fraîche
4 cuillerées à soupe d'huile d'olive
Sel
Poivre du moulin

Épluchez et émincez finement les oignons. Faites-les revenir dans 3 cuillerées à soupe d'huile pendant 30 minutes à feu très doux, en remuant de temps en temps et en couvrant le reste du temps.
Préchauffez le four à 180 °C (th. 6).
Lavez et équeutez l'oseille. Faites-la fondre dans le reste d'huile d'olive 7 à 10 minutes à feu doux, sans cesser de remuer et sans la laisser attacher. Vous devez obtenir une purée épaisse. Mélangez-la aux oignons au terme de leur cuisson.
Étalez la pâte sur une surface farinée et garnissez-en une tourtière de 25 cm de diamètre. Étalez le mélange aux oignons par-dessus.
Fouettez le fromage blanc, la crème et les œufs pour obtenir un mélange bien homogène. Assaisonnez de sel, de poivre et de muscade. Versez sur les oignons. Faites cuire au four 40 minutes et vérifiez avec la lame d'un couteau que le dessus est pris.

Servez avec une salade verte, une romaine par exemple, agrémentée de fines rondelles d'oignons.

Cruelle pour les jambes ou les mains mais douce au palais, **l'ortie** pousse souvent sur les traces de l'homme ou des animaux, dans les ruines, les décombres, les cimetières de charrues, sur les terrains chargés en matière organique azotée. Témoin de la présence de fer dont elle est riche – l'une de ses nombreuses propriétés médicinales –, de la famille des urticacées, elle attire insectes et papillons. Elle s'utilise également au jardin comme fertilisant.

De mars aux premières gelées, du littoral aux moyennes altitudes, vous la trouverez un peu partout ; mais ne la cueillez pas aux bords des routes, elle serait alors riche en plomb ! Vous ne récolterez que les sommités – la tête de la plante plus deux ou trois étages de couples de feuilles –, avec des gants, de préférence au printemps, quand elle est la plus tendre, et avant qu'elle ne monte en graines : elle serait alors toxique.

Des sommités, vous enlèverez la tige centrale si elle paraît trop ligneuse. Une fois lavée, hachée et cuite, l'ortie perd tout pouvoir urticant et se prête à de nombreux accommodements.

LASAGNES AUX ORTIES ET AU PESTO

Pour 4 personnes
Préparation : 1 heure 10
Cuisson : 1 heure 05

Ingrédients

500 g de lasagnes

Pour la garniture
500 g d'orties triées
400 g de champignons de couche ou de forêt
30 g de cèpes séchés mis à tremper
100 g de parmesan fraîchement râpé
1 gousse d'ail émincée
1 pincée de muscade
50 g de farine
25 cl de lait
50 g de matière grasse végétale
1 cuillerée à soupe d'huile d'olive
Un peu d'huile pour le moule
Sel

Pour le pesto
50 g de pignons
2 gousses d'ail
50 g de parmesan râpé
3 cuillerées à soupe de feuilles de basilic ciselées
3 cuillerées à soupe d'huile d'olive

Mélangez tous les ingrédients du pesto, au robot ou au pilon, jusqu'à l'obtention d'une pâte homogène. Réservez.
Faites cuire les orties dans un fond d'eau pendant 15 minutes à couvert et à feu doux. Égouttez-les, hachez-les et réservez-les.
Faites cuire les lasagnes selon les indications du fabricant. Égouttez et réservez sur un torchon propre.
Préchauffez le four à 210 °C (th. 7).
Nettoyez les champignons de couche et coupez-les en tranches. Faites-les revenir dans l'huile d'olive avec l'ail pendant 5 minutes à feu moyen. Ajoutez les cèpes et leur eau de trempage. Laissez réduire de moitié pendant 10 minutes environ à feu doux. Hors du feu, incorporez le pesto. Réservez.
Préparez une béchamel : faites fondre la matière grasse à feu vif, versez la farine en mélangeant vivement et ajoutez le lait progressivement jusqu'à l'obtention d'une sauce lisse. Baissez le feu, salez, ajoutez la muscade et laissez cuire encore quelques minutes. Hors du feu, ajoutez les orties et la moitié du parmesan.
Graissez un plat à gratin carré ou rectangulaire. Disposez par couches successives les lasagnes, la préparation aux champignons et les orties. Saupoudrez du reste de parmesan et faites gratiner au four 30 minutes.

Si vous manquez de temps pour préparer le pesto, vous trouverez dans le commerce des préparations de très bonne qualité et de longue conservation.

TERRINE D'ORTIES AU CAILLÉ DE BREBIS ET COULIS DE POIVRONS

Pour 4 personnes
Préparation : 45 minutes
Cuisson : 45 minutes

Ingrédients

Pour la terrine

1 kg de feuilles d'orties
250 g de caillé de brebis
60 g de pignons de pin grillés
30 g de parmesan
1 pincée de muscade
2 œufs
Sel
Poivre du moulin

Pour le coulis de poivrons

2 poivrons rouges
2 tomates
1 gousse d'ail
1 cuillerée à soupe de fleur de thym
2 cuillerées à soupe d'huile d'olive
Sel

Préchauffez le four à 180 °C (th. 6).

Préparez la terrine : triez et lavez les feuilles d'orties. Dans une grande casserole, faites-les cuire à feu doux 15 minutes dans un fond d'eau. Égouttez en éliminant l'eau au maximum. Hachez-les grossièrement.

Séparez les jaunes des blancs d'œufs dans deux terrines différentes. Avec les jaunes, mélangez les fromages et les pignons. Salez et poivrez.

Battez les blancs en neige ferme avec 1 pincée de sel. Incorporez-les délicatement aux orties. Ajoutez la muscade.

Garnissez de papier sulfurisé un moule à cake de 28 cm de longueur environ. Dans le moule, étalez successivement un tiers du mélange aux orties, la moitié de la préparation au fromage, un tiers de celle aux orties, l'autre moitié de celle au fromage, puis ajoutez enfin le reste des orties. Lissez soigneusement chaque couche à la spatule.

Couvrez le moule de papier sulfurisé. Enfournez-le dans un bain-marie et laissez-le cuire pendant 45 minutes.

Pendant ce temps, préparez le coulis de poivrons : allumez le gril du four et faites-y griller les poivrons 10 à 15 minutes, en les retournant régulièrement pour que la peau noircisse et se cloque sur toutes les faces. Sortez-les du four et enfermez-les dans un sac en plastique jusqu'à ce qu'ils soient tièdes. Il sera alors facile de les éplucher.

Pendant ce temps, épluchez, épépinez et concassez les tomates. Quand les poivrons sont tièdes, ôtez la peau, les membranes et les pépins. Mixez-les avec les tomates, l'ail, le thym, l'huile d'olive et 1 pincée de sel. Réchauffez doucement sans faire bouillir.

Une fois que la terrine est ferme au toucher, laissez-la reposer 5 minutes et démoulez-la sur un plat chaud. Servez-la coupée en tranches entourée de coulis de poivrons rouges.

Pas plus sauvage qu'amère, la « chicorée sauvage améliorée », dite **pain de sucre** en référence à sa forme, trône dans les jardins, volumineuse et serrée, quand toutes les stars de l'été ont tiré leur révérence. Les premières gelées la rendent encore plus tendre ! Nul besoin de la blanchir comme d'autres de la même famille. Pour la conserver plus longtemps, il suffit de la rentrer en cave, avec sa motte, avant les grands froids. Elle fournira ainsi de la verdure pour l'hiver.

PAIN DE SUCRE EN ROULEAUX DE PRINTEMPS

Pour 4 personnes
Préparation : 40 minutes

Ingrédients

1 pain de sucre (chicorée sauvage)
1 poivron
2 tomates
2 courgettes
100 g de germes de soja (haricot mungo)
8 cuillerées à soupe de macédoine lacto-fermentée (en bio-coop)
250 g de tofu
10 cuillerées à café de graines de sésame
3 échalotes finement émincées
1 morceau de gingembre de 2 à 3 cm râpé
1 bouquet de coriandre
4 cuillerées à soupe de tamari (sauce de soja)
Le jus de 1 citron
10 cuillerées à soupe d'huile de sésame

Lavez séparément tous les légumes.
Dans un saladier, mélangez le tamari, l'huile de sésame, le jus de citron, les échalotes et le gingembre. Coupez le tofu en petits dés et faites-le mariner dans cette sauce, le temps de préparer les légumes.
Coupez le poivron en deux et épépinez-le. Coupez-le en fines lanières. Réservez.
Ébouillantez les tomates et épluchez-les. Coupez-les en deux, ôtez les pépins et tranchez chaque moitié de tomate en 6 fins quartiers. Réservez.
Coupez les courgettes en petits dés. Dans une casserole, portez à ébullition 15 cl d'eau (1 verre). Plongez-y les courgettes 5 minutes pour les attendrir, mais elles doivent rester croquantes. Égouttez-les et réservez.
Ôtez les premières feuilles abîmées ou trop coriaces du pain de sucre. Détachez 8 belles feuilles assez larges sans les déchirer. Réservez pour une autre utilisation les feuilles restantes. Coupez le cœur en fines lanières.
Faites légèrement griller les graines de sésame dans une poêle à sec avec un couvercle, en la secouant sans interruption afin qu'elles ne brunissent pas.
Étalez 1 des 8 feuilles de chicorée sur une planche, la côte face à soi. Disposez près du bord de la feuille 1 grosse pincée de germes de soja, 1 cuillerée à soupe de macédoine, 1 cuillerée à soupe de courgettes, 3 rondelles de tomates, quelques lanières de poivron et de cœur de pain de sucre et 1/8 du tofu.
Rassemblez et répartissez les légumes de façon à ce que la salade dépasse de 2 ou 3 cm de chaque côté. Arrosez de 1 cuillerée à soupe de marinade, parsemez de feuilles de coriandre et de 1 cuillerée à café de graines de sésame.
Commencez à rouler la salade sur la garniture en maintenant le bord côtelé de la feuille rabattu sur le boudin de légumes. Repliez dessus les bords latéraux de la salade en les maintenant avec le majeur et l'annulaire de chaque main. Roulez le boudin avec le pouce et l'index jusqu'au bout de la feuille de salade. Répétez l'opération pour les autres feuilles.
Répartissez ces rouleaux de printemps sur des assiettes en en prévoyant deux par convive. Parsemez de graines de sésame et arrosez du reste de marinade. Servez avec des tranches de pain frais au sésame.

Si dans un cageot de carottes potagères vous en trouvez une albinos, nul doute que ce soit un intrus. En effet, **le panais**, racine pouvant atteindre 40 cm, nourrissante et sucrée, s'apparente à la carotte par sa forme et son utilisation, mais arbore une couleur crème. La particularité de sa saveur risque de heurter les papilles délicates du gastronome civilisé. Cultivé depuis longtemps, il s'est effacé progressivement au profit de la pomme de terre. Dommage pour lui ! Sa germination, irrégulière et lente, et sa croissance interminable portent sûrement leur part de responsabilité. Pourtant, à sa décharge, il s'accommode de tous les sols, se montre robuste et peu exigeant, passe l'hiver en terre et se récolte au fil des besoins. Voilà bien des avantages ! Parfait associé à d'autres légumes racines mijotés, auxquels il donne du caractère – en potée, soupe ou pot-au-feu –, il s'avère aussi remarquable marié avec un élément crémeux, apte à l'adoucir et à mettre en valeur son goût sucré et anisé.

CRÈME DE PANAIS AUX AMANDES ET AU CERFEUIL

Pour 4 personnes
Préparation : 15 minutes
Cuisson : 30 minutes

Ingrédients

1 panais
1 oignon
1 pincée de muscade
1 feuille de laurier
2 cuillerées à soupe de cerfeuil haché
2 cuillerées à soupe de crème de soja
1 cuillerée à soupe de purée d'amandes
2 cubes de bouillon
Sel
Poivre du moulin

Brossez vigoureusement le panais. Il n'est pas nécessaire de l'éplucher. Coupez grossièrement le panais et l'oignon épluché. Mettez-les dans une casserole avec le laurier, les cubes de bouillon et 1 litre d'eau. Portez à ébullition, baissez le feu et laissez mijoter 30 minutes.
Mixez avec un mixeur plongeant.
Dans un bol, délayez progressivement la purée d'amandes avec un peu de soupe en mélangeant vivement. Commencez par 1 ou 2 cuillerées de potage, réalisez une émulsion parfaite avant d'en ajouter davantage. Versez la purée d'amandes dans le reste de soupe et mélangez.
Assaisonnez de sel, de poivre et de muscade. Réchauffez la soupe sans faire bouillir, puis ajoutez la crème de soja.
Versez dans une soupière, incorporez les deux tiers du cerfeuil. Décorez avec le dernier tiers et servez.

Patidou

La famille des cucurbitacées se répartit en genres différents. **Le patidou**, ou *sweet dumpling*, est du genre « pépo », comme les pâtissons. Les patidous, taille petit calibre, blancs rayés de vert, s'avèrent d'emblée très décoratifs. Leur chair de couleur orangée, très fine, ferme, sucrée, au goût de châtaigne pour les uns, au goût de noisette pour les autres, se révèle succulente pour tous.

MOELLEUX DE PATIDOU

Pour 4 personnes
Préparation : 20 minutes
Cuisson : 1 heure 20

Ingrédients

1 ou 2 patidous (500 g environ)
3 œufs
2 cuillerées à soupe bombées de purée d'amandes
2 cuillerées à soupe de fécule de maïs
1 orange
1 citron
70 g de sucre roux

Pour la sauce à la cannelle
2 jaunes d'œuf
1 bâton de cannelle
30 cl de lait de riz
2 cuillerées à café de sirop de maïs (ou 1 cuillerée à soupe de sucre)
Un peu d'huile pour les moules

Coupez le patidou en deux, enlevez les graines et les filaments intérieurs. Faites-le cuire à la vapeur 30 minutes environ, selon sa grosseur. Récupérez la chair à la cuillère, elle doit être tendre. Mixez-la, puis tamisez-la en une purée fine.
Préchauffez le four à 150 °C (th. 5).
Dans un saladier, fouettez les œufs avec le sucre pendant 3 minutes jusqu'à ce qu'ils blanchissent et doublent de volume. Râpez dans ce mélange le zeste du citron et de l'orange.
Dans un bol, versez progressivement le jus de l'orange et du citron sur la purée d'amandes afin d'obtenir un mélange bien lisse. Incorporez ce mélange aux œufs en fouettant, puis ajoutez la fécule et la purée de patidou, en fouettant après chaque ajout.
Huilez des ramequins de 10 cm de diamètre environ. Répartissez-y la préparation. Faites cuire au four dans un bain-marie pendant 50 minutes environ. Les gâteaux sont cuits lorsqu'un couteau planté en leur milieu en ressort sec. Laissez refroidir.
Préparez la sauce à la cannelle : faites bouillir le lait avec le bâton de cannelle et le sirop de maïs pendant 3 minutes. Battez les jaunes à la fourchette dans un petit saladier et versez dessus le lait bouillant en fouettant vivement. Remettez le mélange sur le feu en tournant continuellement jusqu'à ce que la sauce nappe la cuillère. Retirez le bâton de cannelle.
Démoulez les moelleux sur des assiettes de service et nappez de sauce à la cannelle. Servez à température ambiante.

Pâtisson

Est-ce leur odeur musquée, leur chair ferme assez épaisse, un peu farineuse et au léger goût d'artichaut, leurs fruits blancs, oranges ou panachés, à la peau lisse et dure à maturité, leurs formes de disques épais plus ou moins renflés à chaque extrémité et formés de festons recourbés vers l'ombilic, qui leur ont valu tous les noms qui leur sont prêtés : « artichaut de Jérusalem », « bonnet de prêtre », « bonnet d'électeur » ? Si les jeunes fruits doivent être consommés rapidement une fois parvenus à maturité et cueillis avec le pédoncule et avant les premières gelées, **les pâtissons** se conservent plusieurs mois, leur chair devenant de plus en plus sucrée au fur à mesure de leur conservation.

PÂTISSON FARCI

Pour 4 personnes
Préparation : 40 minutes
Cuisson : 1 heure 10

Ingrédients

1 pâtisson (1 kg environ)
2 courgettes
1/2 poivron
50 g de comté râpé
1 cuillerée à café de tapenade
1 œuf
1 oignon
1 gousse d'ail
1 pincée de paprika doux
1 branche de thym
1 branche de sarriette
1 tige de basilic
1 ou 2 cuillerées à soupe d'huile d'olive
Sel
Poivre du moulin

Choisissez un pâtisson bien mûr, dont l'écorce est solide. En début de saison, tout en étant ferme, la peau restera tendre à la cuisson et pourra être consommée. Plus tard, elle devient dure et ne pourra servir que de contenant.
Les pâtissons plus jeunes se consomment entiers et ne conviennent pas pour cette recette.

Découpez un couvercle sur le dessus du pâtisson avec la queue comme poignée. Avec une petite cuillère, retirez et jetez les graines et les filaments qui les entourent.
Mettez à bouillir de l'eau dans une grande casserole pouvant contenir le pâtisson entier. Faites-le pocher 10 minutes avec son couvercle.
Égouttez-le à l'envers en le laissant refroidir quelques minutes. Continuez à creuser pour extraire la chair jusqu'à 1 cm du bord, sans percer l'écorce. Réservez la chair et coupez-la en petits morceaux. Salez l'intérieur du pâtisson et laissez-le à nouveau s'égoutter retourné sur une assiette.
Épluchez l'oignon et émincez-le. Coupez les courgettes et le poivron en petits dés.
Dans une sauteuse, faites revenir l'oignon pendant 5 minutes à feu doux dans 1 cuillerée à soupe d'huile. Ajoutez les courgettes, le poivron, la chair du pâtisson, le thym, la sarriette, le paprika et l'ail écrasé. Laissez cuire 10 minutes à feu doux, en tournant de temps en temps pour ne pas laisser attacher. Ajoutez 1 cuillerée à soupe d'huile, si nécessaire. En fin de cuisson, ajoutez la tapenade, le basilic, le comté et l'œuf. Goûtez, salez et poivrez cette farce.
Préchauffez le four à 180 °C (th. 6).
Remplissez l'écorce du pâtisson avec la farce et couvrez-le de son couvercle. Déposez le pâtisson dans un plat allant au four et couvrez-le entièrement de papier d'aluminium comme une cloche, en évitant que le papier d'aluminium touche le pâtisson.
Laissez cuire 45 minutes et servez en découpant le pâtisson comme un gâteau.

Il y a 4 000 ans, **le poireau** faisait déjà, avec l'oignon, la force des bâtisseurs de pyramides ; du moins le croyait-on, puisque l'on veillait à leur approvisionnement régulier. Néron, l'empereur romain, y voyait un bienfaiteur de la voix. Les Gallois l'ont depuis neuf siècles adopté comme symbole. Le poireau tient une large place dans les civilisations de l'Antiquité, disparaît pour réapparaître et entamer son essor dans nos contrées au Moyen Âge. Roi des soupes, jamais détrôné, il a vu son règne prolongé par la nouvelle cuisine, lui accordant les honneurs du raffinement. S'il demande une terre riche et bien drainée, le poireau, robuste, vigoureux et absolument rustique, traverse toutes les saisons, droit comme un « I ».

RAGOÛT FORESTIER AUX POIREAUX ET AUX CHÂTAIGNES

Pour 4 personnes
Préparation : 45 minutes
Cuisson : 1 heure

Ingrédients

- 4 poireaux
- 300 g de châtaignes fraîches épluchées
- 250 g de champignons
- 1 cuillerée à soupe bombée de purée de noisettes
- 4 feuilles de filo
- 1 gousse d'ail émincée
- 1 feuille de laurier
- 1 cuillerée à soupe de persil haché
- 2 cuillerées à soupe de cerfeuil haché (+ quelques brins pour le décor)
- 1 cuillerée à soupe rase de fécule de maïs
- 2 verres de bouillon de légumes (ou 1/2 cube de bouillon délayé dans 25 cl d'eau)
- 3 cuillerées à soupe d'huile d'olive (+ un peu d'huile pour les ramequins)
- 2 cuillerées à café de sucre roux
- Sel
- Poivre du moulin

Préchauffez le four à 150 °C (th. 5).
Huilez 4 ramequins de 10 cm de diamètre.
Empilez les feuilles de filo. Coupez-les en deux dans la longueur, puis en trois dans la largeur. Vous obtenez ainsi 24 carrés de 15 cm de côté environ.
Prenez 6 carrés par ramequin, disposez-les en les décalant de façon à figurer les pétales d'une fleur. Veillez à bien recouvrir le fond et les parois des ramequins. Les carrés de filo peuvent dépasser. Enfournez et laissez cuire 15 à 20 minutes jusqu'à ce que les corolles soient uniformément dorées.
Dans une poêle à fond épais, faites fondre le sucre avec 1 cuillerée à soupe d'huile pendant 2 minutes à feu moyen. Faites-y glacer les châtaignes en tournant pendant 3 minutes. Ajoutez la moitié du bouillon, couvrez, baissez le feu et laissez frémir 20 minutes.
Lavez les champignons et les poireaux. Coupez les poireaux en tronçons de 2 cm et les champignons en morceaux. Faites-les revenir dans le reste d'huile avec la gousse d'ail et le laurier pendant 15 minutes. Délayez la fécule dans un 1/2 verre de bouillon et ajoutez-la aux poireaux en tournant constamment jusqu'à épaississement.
Enlevez le laurier et incorporez les châtaignes, le persil et le cerfeuil dans la sauce. Délayez la purée de noisettes dans le reste de bouillon et ajoutez-le à la sauce. Salez et poivrez.
Retirez délicatement les corolles des ramequins et disposez-les dans chacune des assiettes. Versez le ragoût forestier dedans et garnissez du cerfeuil restant tout autour.

Pois gourmand

La différence entre **le pois gourmand** et les autres pois, dits « petits », se réduit à l'absence de parchemin, cette fine membrane qui tapisse l'intérieur de la gousse et rend cette dernière inconsommable. Inutile de chercher ailleurs ce qui rend celle du pois gourmand tendre et juteuse. Il se consomme donc entier, pois et gousse, quasiment sans épluchage. Plante à rame, elle s'accroche au support avec ses vrilles et grimpe jusqu'à 2 mètres de haut, avec assez d'élégance pour devenir très décorative. Les fruits, récoltés en juin, se consomment crus, verts et croquants, ou cuits, fondants, à la vapeur ou en jardinière. Louis XIV, qui vouait une passion démesurée aux petits pois – résultat d'une sélection des maraîchers hollandais opérée au XVIe siècle –, aurait évité bien des corvées « d'écossage » en choisissant cette variété qui, semble-t-il, existait déjà à son époque.

POIS GOURMANDS, SAUCE À L'ESTRAGON ET AUX NOISETTES

Pour 4 personnes
Préparation : 10 minutes
Cuisson : 11 minutes

Ingrédients

1 kg de pois gourmands équeutés

Pour la sauce à l'estragon et aux noisettes
2 tomates
60 g de noisettes
1 gousse d'ail
2 cuillerées à soupe d'estragon ciselé
250 g de crème de soja
25 cl de bouillon de légumes (ou 1/2 cube de bouillon délayé dans 25 cl d'eau)
1 cuillerée à soupe d'huile de tournesol
Sel
Poivre du moulin

Préparez la sauce à l'estragon et aux noisettes : dans une petite poêle, faites griller les noisettes à sec en secouant sans cesse la poêle, pour les empêcher de brûler. Une fois les noisettes refroidies, enlevez la peau qui doit s'effriter facilement. Concassez-les grossièrement dans un pilon.
Épluchez, épépinez et concassez les tomates.
Émincez l'ail et faites-le revenir pendant 3 minutes dans l'huile.
Ajoutez ensuite les noisettes et les tomates, puis la moitié du bouillon. Laissez mijoter 5 minutes à feu doux. Ajoutez enfin la crème de soja, l'estragon ciselé. Poivrez, salez et réservez au chaud.
Portez à ébullition le reste de bouillon, jetez-y les pois gourmands, baissez le feu et laissez frémir 3 minutes. Incorporez en remuant les pois à la sauce. Servez.

Cultivée il y a 3 000 ans sur les hauts plateaux andins par les Précolombiens, **la pomme de terre** mit du temps à conquérir nos contrées. Il fallut un « coup de pub » inspiré de Parmentier, avec la participation de Louis XVI et de Marie-Antoinette, pour que les consommateurs d'alors acceptent de la mettre au menu. Il va sans dire que le tubercule a rattrapé le temps perdu, devenant le *best-seller* agricole, avec 470 variétés cultivées en Europe.

Si l'industrie alimentaire s'est focalisée sur quelques « standards », sa culture biologique, moyennant quelques efforts, offre une diversité plus riche, une différence de goût remarquable et un intérêt nutritionnel considérable. Quant aux utilisations, entre tradition et invention, frites et inspiration, la palette est presque infinie.

TORSADES DE POMMES DE TERRE AU SÉSAME

Pour 4 personnes
Préparation : 15 minutes
(+ 1 heure de repos pour la pâte)
Cuisson : 30 minutes

Ingrédients

300 g de pommes de terre
1 œuf
2 jaunes d'œufs
2 cuillerées à soupe de graines de sésame
1 pincée de muscade
2 cuillerées à soupe de ciboulette ciselée
125 g de farine
(+ un peu de farine pour la plaque)
1/2 sachet de levure sans phosphate (5 g)
150 g d'huile de palme
Sel
Poivre du moulin

Sortez la plaque du four et préchauffez-le à 180 °C (th. 6).
Faites cuire les pommes de terre en robe des champs. Égouttez-les, épluchez-les et réduisez-les en purée. Ajoutez l'huile de palme, les jaunes d'œufs, et mélangez bien tous les ingrédients. Incorporez ensuite la farine, la levure, la ciboulette et la muscade. Salez, poivrez et réservez au réfrigérateur pendant 1 heure.
Recouvrez la plaque du four d'une feuille de papier sulfurisé, farinez-la et étalez-y la pâte sur 1 cm d'épaisseur. Découpez des bandes de 1 cm de large sur 10 cm de long. Tournez trois fois chaque bande sur elle-même pour la torsader. Badigeonnez ces torsades d'œuf battu et parsemez-les de sésame. Enfournez la plaque et faites cuire 12 minutes jusqu'à ce que les torsades soient dorées et croustillantes. Elles se mangent chaudes ou froides, à l'apéritif, en garniture ou avec une salade verte.

Qui n'a pas remarqué, pour peu qu'il habite hors des grandes métropoles, ces « foires aux courges » fleurissant l'automne à peine amorcé et s'annonçant, qui via une humble affichette collée sur un tronc, qui via un élégant encart dans une revue adéquate ! Y rencontrer quelques passionnés ou collectionneurs de courges y exposant jusqu'à 300 variétés relève du probable. Parmi celles-ci, originaire du Japon et encore inconnu il y a 20 ans, **le potimarron** a été rapidement adopté et a d'abord conquis l'agriculture biologique avant de gagner les étals de la grande distribution. Peut-être sa richesse en vitamines et en minéraux et son incomparable saveur n'y sont-elles pas étrangères ! Sa chair, sucrée et farineuse, et sa forme rappellent la châtaigne. Tranché, il exhibe un bel orange foncé. De l'entrée au dessert, il invite à d'innombrables et succulentes nouveautés.

BÛCHE DE POTIMARRON

Pour 4 personnes
Préparation : 25 minutes (en 2 jours)
Cuisson : 15 minutes

Ingrédients

- 500 g de chair de potimarron
- 100 g de chocolat noir
- 3 branches de verveine fraîche
- Quelques feuilles de verveine cristallisées pour le décor (voir recette p. 169)
- 80 g de beurre ou de margarine végétale
- Sucre glace (pour le décor)
- 60 g de sucre roux

La veille, pelez et épépinez le potimarron. Coupez la chair en gros cubes et faites-les cuire à la vapeur avec la verveine pendant 15 minutes. Égouttez et retirez la verveine. Réduisez le potimarron en purée lisse.

Faites fondre le chocolat au bain-marie.

Mixez la purée de potimarron, le chocolat, le beurre et le sucre roux jusqu'à l'obtention d'une crème lisse. Réservez-la toute la nuit au réfrigérateur.

Le jour même, moulez le mélange raffermi en forme de bûche. Striez à la fourchette pour simuler l'écorce et remettez au froid quelques heures. Servez cette bûche saupoudrée de sucre glace et décorez de feuilles de verveine cristallisées.

FLAN DE POTIMARRON

POUR 4 PERSONNES
PRÉPARATION : 15 MINUTES
CUISSON : 50 MINUTES

INGRÉDIENTS

500 g de potimarron
2 œufs
50 cl de lait d'amande
1 cuillerée à café d'extrait de vanille
Un peu d'huile pour le moule
80 g de sucre roux

Coupez le potimarron en deux et enlevez les graines. Il n'est pas nécessaire de l'éplucher. Coupez-le en gros dés.
Faites cuire le potimarron à la vapeur pendant 20 minutes (certaines variétés sont plus denses et requièrent un temps de cuisson plus long). Réduisez-le en purée.
Préchauffez le four à 180 °C (th. 6).
Mélangez cette purée au reste des ingrédients en fouettant délicatement pour obtenir un mélange lisse. Remplissez-en un plat à gratin huilé de 22 cm sur 30 cm environ et faites cuire au four pendant 30 minutes. Le flan doit être pris.
Servez refroidi.

Une petite touffe de fanes vertes étranglées par un élastique sous lequel se serrent de petites racines rouges aux extrémités blanches : voilà probablement l'image la plus commune qui vient à l'esprit à l'évocation de leur nom. Le consommateur apprécie d'autant plus **les radis**, même s'ils sont quelquefois un peu piquants, qu'ils signent avec bonheur le retour des beaux jours. Mais souvent, il connaît beaucoup moins, voire il ignore, l'existence même des radis d'automne et d'hiver, noirs, roses ou blancs. Coniques, longs d'une vingtaine de centimètres, rustiques, ces derniers résistent aux petites gelées, se conservent tout l'hiver en cave et se mangent essentiellement crus.

Un cœur très blanc sous une peau très noire et légèrement rugueuse : **le radis noir**, robuste d'allure et puissant au goût, parfois piquant, surtout s'il a manqué d'eau, passe difficilement inaperçu. Il mérite d'autant plus notre attention, qu'il est un grand ami du foie.

Plutôt joli, **le radis rose de Chine** est croquant, tendre et juteux. Coupé en bâtonnets et trempé dans différentes sauces ou coupé en rondelles et intégré dans une salade composée, il se propose d'améliorer nos menus d'hiver.

RADIS NOIR À L'ÉCHALOTE

Pour 4 personnes
Préparation : 10 minutes

Ingrédients

1 ou 2 radis noirs (selon la taille)
1 pomme
3 ou 4 cornichons
10 olives de Nyons
2 échalotes
1 branche de thym
Le jus de 1 citron
3 cuillerées à soupe d'huile d'olive
Sel

Pelez et râpez le radis et la pomme avec une râpe à gros trous. Arrosez-les de jus de citron. Épluchez et émincez les échalotes. Coupez les cornichons en fines rondelles et dénoyautez les olives.
Mélangez tous les ingrédients, saupoudrez de sel, arrosez d'huile et mélangez à nouveau. Parsemez de thym effeuillé.

Multiplicité des goûts et équilibre subtil à présenter avec un bon pain !

ENDIVES ET RADIS ROSES À LA CRÈME DE SINGE

Pour 4 personnes
Préparation : 15 minutes
Cuisson : 10 minutes

Ingrédients

2 endives
2 radis roses de Chine

Pour la crème de singe
1 oignon
2 gousses d'ail
1 pincée de Cayenne
4 cuillerées à soupe de beurre de cacahuète
1 cuillerée à café de cumin en poudre
1 cuillerée à café de coriandre en poudre
2 cuillerées à soupe de levure de bière maltée
Le jus de 1/2 citron
1 cuillerée à soupe de tamari (sauce de soja)
2 cuillerées à soupe d'huile de tournesol

Préparez la crème de singe : faites revenir l'oignon haché et l'ail écrasé dans l'huile jusqu'à ce que les oignons soient fondants. Ajoutez les épices en tournant sans arrêt. Faites revenir encore 1 minute, puis versez 15 cl d'eau (1 verre) et incorporez le beurre de cacahuète. Mélangez bien pour obtenir un mélange onctueux. Hors du feu, ajoutez le jus de citron, le tamari et la levure. Laissez refroidir.
Lavez les endives et séparez les feuilles. Lavez les radis, coupez-les en quatre ou six, selon leur grosseur. Servez les légumes dans une grande assiette en les alternant et en présentant la crème au milieu dans un petit bol.

Cette sauce sert de « dip » pour toutes sortes de crudités à croquer. Vous pouvez aussi la servir sur des toasts.

Plus savamment, **le sanguin** se nomme « lactaire délicieux » ; lactaire, comme membre de cette famille de champignons aux chapeaux convexes, ornés de zones concentriques et à lamelles serrées, et délicieux devinez pourquoi ! Il aime les forêts de conifères des régions tempérées et humides, où il se cache volontiers dans l'herbe, de juillet à novembre. Sa chair orangée est ferme, fruitée, épicée, et produit à la cassure un lait de même couleur, avant de verdir. Très apprécié et recherché dans le Sud, il trouve couramment place sur les marchés. Il se conserve en bocaux, dans une préparation faite d'huile d'olive, de vinaigre et d'ail.

FEUILLETÉS AUX SANGUINS

Pour 4 personnes
Préparation : 2 heures
Cuisson : 1 heure

Ingrédients

700 g de sanguins
500 g de tomates
2 bulbes de fenouil parés et émincés
1 oignon émincé
350 g de pâte feuilletée (voir recette p. 155)
1 jaune d'œuf
1 étoile de badiane (anis étoilé)
Quelques filaments de safran
2 cuillerées à soupe d'huile d'olive
Sel
Poivre du moulin

Confectionnez des petites caissettes en pâte feuilletée : étalez la pâte en un rectangle de 20 cm sur 30 cm environ sur 3 ou 4 mm d'épaisseur. À la roulette, découpez 12 rectangles de 5 cm sur 10 cm. Vous allez utiliser 3 rectangles par feuilleté.

Recouvrez la plaque du four de papier sulfurisé. Déposez-y 4 rectangles de pâte. Piquez leur centre à la fourchette pour les empêcher de gonfler. Mouillez les bords au pinceau. Pour chaque caissette, posez un deuxième rectangle sur le premier. Vous avez utilisé 8 rectangles.

Faites une incision à 1 cm du bord sur les 4 derniers rectangles, sans découper complètement la pâte. Mouillez les bords, et posez ces rectangles sur les autres rectangles. Ils serviront de couvercles.

Dorez le dessus de chaque feuilleté au jaune d'œuf dilué à l'eau. Ne dorez pas les côtés. Réservez au réfrigérateur pendant 20 minutes.

Préchauffez le four à 180 °C (th. 6).

Enfournez et laissez cuire pendant 30 minutes jusqu'à ce que les caissettes soient bien dorées. Sortez-les du four et laissez-les refroidir. Baissez le four à 100 °C (th. 3).

À l'aide d'un couteau pointu, découpez chaque couvercle. Évidez la pâte crue en dessous du couvercle et à l'intérieur des caissettes. Retournez les couvercles et remettez-les au four 10 minutes pour les faire sécher.

Pelez, épépinez et concassez les tomates. Nettoyez les champignons et coupez-les en lamelles. Faites suer l'oignon, les tomates, les champignons, les bulbes de fenouil dans l'huile pendant 7 minutes à feu doux. Ajoutez l'étoile de badiane et le safran, puis laissez mijoter 30 minutes à feu doux. Salez et poivrez.

Dans chaque assiette, remplissez les caissettes en faisant déborder généreusement la garniture. Posez le couvercle et servez aussitôt les feuilletés ou gardez-les au chaud jusqu'au service.

Les Espagnols, partis à la conquête de l'Eldorado, ont peut-être rapporté dans leurs bagages, au final, plus de graines que de pépites.
Les tomates, découvertes dans ce Nouveau Monde, figuraient au menu des Indiens du Mexique et des Andes depuis 1 500 ans. En Europe, d'abord traitées avec méfiance, puis cultivées uniquement comme plantes ornementales, elles finirent par gagner la table vers la fin du XVIIIe siècle, via l'Italie.
S'il existe aujourd'hui plus de 350 variétés, différant tant par leur forme, leur couleur, leur taille, leur texture que par leur goût, force est de constater que l'offre marchande se résume à quelques-unes, poussées en temps records, souvent dopées aux additifs et produits chimiques, dans des conditions artificielles, parfois même sans terre et sans soleil, et, pour certaines, arrosées avec l'eau chaude rejetée par les centrales nucléaires.
À trop s'éloigner de la terre et se rapprocher du business, elles offrent, sous une robe uniforme mais séduisante, un leurre qui laisse les papilles terriblement frustrées.
D'une manière générale, peler les tomates et les épépiner répond aux conseils habituellement prodigués concernant les différentes façons de les accommoder.
Mais croquer sur place une tomate juste cueillie, chaude de soleil, juteuse et charnue, est une véritable fête pour les sens.

PETITS GRATINS TOMATES-CHÈVRE

Préparez une sauce tomate : faites cuire à couvert les tomates coupées en morceaux, l'oignon émincé, l'ail haché, 1 branche de thym, le laurier et le clou de girofle pendant 20 minutes à feu doux.
Enlevez la branche de thym et le laurier, puis passez cette sauce au chinois. Remettez sur le feu si nécessaire pour faire bien réduire et ne garder que 40 cl de sauce. Salez légèrement.
Coupez les olives en 3 ou 4 morceaux et les chèvres en deux dans l'épaisseur.
Allumez le gril du four.
Huilez 4 ramequins de 15 cm de diamètre. Dans chacun, disposez 1/2 chèvre et répartissez le reste de thym, la marjolaine et la sariette. Nappez de 10 cl de sauce, parsemez d'olives et poivrez. Faites griller 3 minutes au four et servez.

Pour 4 personnes
Préparation : 25 minutes
Cuisson : 25 minutes

Ingrédients

8 grosses tomates
2 chèvres frais
(de 100 g chacun)
16 olives dénoyautées
1 oignon
1 clou de girofle
2 gousses d'ail
3 branches de thym
1 feuille de laurier
1 cuillerée à soupe de marjolaine effeuillée
1 cuillerée à soupe de sarriette effeuillée
Un peu d'huile pour les ramequins
Sel
Poivre du moulin

COULIS DE TOMATES

Plongez les tomates quelques secondes dans de l'eau bouillante et épluchez-les. Coupez-les en quartiers et épépinez-les. Épluchez et hachez l'échalote.
Faites chauffer l'huile d'olive dans une casserole et faites revenir doucement l'échalote et la gousse d'ail écrasée pendant 2 minutes. Ajoutez les tomates, le laurier, le thym et le concentré de tomate, puis laissez cuire 20 minutes à feu doux en couvrant à moitié et en remuant de temps en temps. Retirez le thym et le laurier, puis salez. Mixez.
Servez ce coulis chaud ou froid.

Pour 30 cl de coulis
Préparation : 5 minutes
Cuisson : 20 minutes

Ingrédients

500 g de tomates
1 cuillerée à café de concentré de tomate
1 échalote
1 gousse d'ail
2 branches de thym
1 feuille de laurier
1 cuillerée à soupe d'huile d'olive
Sel

Topinambour

Annoncer un plat de **topinambours** à un sexagénaire peut lui faire le même effet que vous ferait l'arrivée inopinée d'un contrôleur du fisc. Providence des années de pénurie de la Seconde Guerre mondiale, il en est aujourd'hui l'une des victimes collatérales. Alors, pour ménager la sensibilité de votre convive, laissez-le se régaler de ces « excellents cœurs d'artichaut ». Vous aurez confirmation, si besoin est, du rôle évident de la mémoire dans l'appréciation du goût. Mauvais souvenir, mauvaise presse !

D'une rusticité à toute épreuve une fois installé dans un coin de jardin, le topinambour vous surprendra par sa ténacité quand bien même vous oublieriez de l'arroser, de le désherber, de lui adjoindre le moindre fertilisant, de lui accorder le moindre soin.

Les campagnols eux-mêmes n'en viennent pas à bout.

Il atteint en quelques mois des dimensions impressionnantes, jusqu'à 3 mètres de haut, et se pare au mois de septembre de petites fleurs jaunes, signant là sa parenté avec le tournesol. Les tubercules se ramassent en hiver, en déterrant le pied autour duquel ils sont groupés, comme pour la pomme de terre. La récolte se fait au fur et à mesure des besoins car le topinambour ne se conserve pas longtemps hors de terre.

Légume fin et savoureux, il se prête à maintes aventures culinaires.

DAUBE DE TOPINAMBOURS

Pour 4 personnes
Préparation : 20 minutes
Cuisson : 25 minutes

Ingrédients

2 kg de topinambours
3 échalotes
2 gousses d'ail
1 morceau de gingembre de 2 cm
1 pincée de muscade
Quelques brins de ciboulette
1 bouquet garni
18 cl de vin blanc
12 cl de bouillon de légumes (ou 1/4 de cube de bouillon délayé dans 12 cl d'eau)
15 cl de crème fraîche
1 cuillerée à soupe de matière grasse
Sel

Brossez les topinambours, lavez-les et mettez-les à cuire dans de l'eau bouillante 7 à 10 minutes, selon leur fraîcheur. Ils ne doivent pas être entièrement cuits. Égouttez-les, rincez-les et épluchez-les.
Épluchez et émincez l'ail et les échalotes.
Dans une sauteuse, faites-les revenir dans la matière grasse pendant 5 minutes à feu doux. Ajoutez les topinambours, mouillez avec le vin blanc et le bouillon et ajoutez le bouquet garni et le gingembre épluché. Laissez cuire pendant 10 minutes environ, les légumes ne doivent pas se défaire.
Ôtez le bouquet garni et le gingembre. Ajoutez la muscade, salez selon le goût du bouillon, et liez enfin avec la crème fraîche. Servez chaud parsemé de ciboulette.

FRUITS

Dès le second millénaire avant notre ère, les empereurs de Chine travaillèrent à améliorer ce petit fruit acide à l'origine. Des dizaines de siècles plus tard, il se répandait sous sa forme actuelle en Grèce et dans l'Europe méridionale. Sur la route du printemps, l'abricotier s'épanouit juste derrière l'amandier, égayant de sa floraison rose pâle les paysages encore dénudés de la fin de l'hiver. Cette précocité, si elle nous ravit, constitue aussi sa faiblesse : la première gelée tardive sera fatale à sa production. Voilà pourquoi, en France, celle-ci se limite aux régions du Sud, où le printemps est sans surprise. Pourtant, si l'abricotier aime le soleil, garant de ses fruits juteux, colorés et parfumés, il résiste sans peine à des températures hivernales extrêmes (jusqu'à –30 °C), et s'étage jusqu'à 3 000 m sur les pentes du Tibet ou du Népal d'où il semble originaire. Autre particularité : une fois cueilli, il ne mûrit plus ; et son goût se ressentira immanquablement des jours de soleil que les impératifs commerciaux lui auront volés. Voilà pourquoi **les abricots** cueillis verts pour pouvoir se stocker et voyager, achetés loin des régions de production, déçoivent si souvent. À l'inverse, cueillis à pleine maturité, encore chauds de soleil, ils procurent des moments de pur plaisir.

MOUSSE À L'ABRICOT

Pour 4 personnes
Préparation : 10 minutes

Ingrédients

400 g de confiture d'abricots
100 g de poudre d'amandes
Quelques gouttes d'extrait d'amandes amères (facultatif)
2 blancs d'œufs
Quelques fleurs de bourrache ou de violette (pour le décor)

Passez la confiture d'abricots au chinois. Montez les blancs d'œufs en neige ferme.
Mélangez la confiture, la poudre et l'extrait d'amandes. Incorporez ensuite très délicatement les blancs en neige, en deux temps.
Remplissez des coupes de ce mélange. Décorez des fleurs et gardez au froid avant de servir.

SAINT-JACQUES D'ABRICOT

Pour 4 personnes
Préparation : 15 minutes
Cuisson : 35 minutes

Ingrédients

4 abricots
4 grosses coquilles Saint-Jacques vides
35 g d'amandes mondées
150 g de pâte brisée
1 œuf
1 morceau de gingembre de 1 cm râpé
2 cuillerées à soupe de farine
1/4 de cuillerée à café de levure sans phosphate
10 g de margarine végétale
Un peu d'huile pour les coquilles
3 cuillerées à soupe de sucre roux

Sortez la plaque du four et préchauffez-le à 180 °C (th. 6).
Ouvrez les abricots sans détacher les oreillettes et dénoyautez-les.
Dans le bol du robot, mettez la farine, la levure, le sucre, les amandes et le gingembre. Faites tourner l'appareil, jusqu'à ce que les amandes soient très finement hachées. Ajoutez la margarine et l'œuf, puis mixez à nouveau afin d'obtenir un mélange lisse et homogène.
Huilez les coquilles au pinceau.
Étalez la pâte brisée sur la plaque du four, sur 1 cm d'épaisseur. Posez dessus les coquilles en les enfonçant légèrement, de façon à les caler et les empêcher de se renverser lors de la mise au four.
Répartissez le mélange dans les coquilles, en les remplissant à moitié. Posez au milieu de chacune un abricot. Enfournez et laissez cuire 35 minutes jusqu'à ce que le dessus soit doré. Laissez refroidir avant de servir.

La pâte de cuisson, qui n'a pas d'autre fonction que la cuisson des coquilles, est néanmoins comestible : les enfants, qui en raffolent, sauront la grignoter telle quelle, en guise de pain. Si vous possédez suffisamment de coquilles, n'hésitez pas à doubler les proportions, les « rappels » ne vous prendront pas de court !

Avant d'être cette suave liqueur bien connue des amateurs de kir et qui endort le feu de l'alcool, ce sont de petites baies noires un peu acides, très fruitées, riches en vitamine C, au jus rouge foncé. Que ce soit au goût ou à l'œil, **le cassis** permet des desserts contrastés, percutants et ne laisse jamais indifférent ! Véritable aubaine pour ceux à qui la nature mène la vie dure, le cassis prospère sous les climats rudes, sur les terrains pauvres. Il aime la fraîcheur et même le calcaire, qui renforce son parfum. Nettoyé, égrené et congelé, il se conserve bien.

SORBET PÊCHE AU COULIS DE CASSIS

Pour 4 personnes
Préparation : 25 minutes
Cuisson : 10 minutes

Ingrédients

300 g de cassis égrené
500 g de pêches
50 g de poudre d'amandes
1 blanc d'œuf
Le jus et le zeste de 1 orange
1 cuillerée à café d'extrait de vanille liquide
12 cl de sirop d'agave

Épluchez les pêches et coupez-les en deux pour retirer le noyau. Mixez-les au robot avec les amandes, 8 cl de sirop d'agave et la vanille.

Battez le blanc d'œuf en neige et incorporez-le à la préparation aux pêches. Faites prendre en sorbetière. Si vous n'avez pas de sorbetière, versez la préparation dans un récipient inoxydable et réservez-le au congélateur. Toutes les heures, fouettez la préparation à la fourchette ou au mixeur afin de l'aérer et de briser les cristaux de glace au fur à mesure qu'ils se forment. Renouvelez l'opération jusqu'à ce que l'ensemble soit pris.

Pendant ce temps, faites cuire dans une casserole, le cassis et 1/2 verre d'eau (7,5 cl) 10 minutes à feu doux, en tournant jusqu'à ce que les fruits s'écrasent. Passez-les au chinois, puis ajoutez le jus d'orange, la moitié de son zeste râpé et le reste de sirop. Mélangez bien et mettez au réfrigérateur pour rafraîchir. Servez dans des coupes la glace nappée de coulis de cassis et parsemée du reste de zeste d'orange.

CRÈME DE CASSIS MAISON

Pour 3 bouteilles de 75 cl environ
Préparation : 15 minutes + quelques minutes par jour pendant un mois (2 mois à l'avance)

Ingrédients

1,5 kg de cassis égrené
1 litre d'eau-de-vie pas trop fruitée
Quelques feuilles de cassis fraîches
300 g de sucre roux

Écrasez les baies et les feuilles de cassis dans un saladier. Couvrez et laissez reposer 2 jours au frais. Au bout de ce temps, les fruits écrasés doivent avoir l'aspect d'une gelée. Découpez-la grossièrement et versez l'eau-de-vie par-dessus. Réservez le saladier dans une pièce fraîche et remuez 3 fois par jour pendant 3 jours.

Laissez ensuite reposer le saladier 3 semaines au soleil en le rentrant la nuit. Filtrez, incorporez le sucre et réservez à température ambiante en remuant à nouveau 3 fois par jour pendant 3 jours. Mettez en bouteilles et réservez au moins 2 mois avant de goûter.

Même si la garde des sabres des samouraïs en était ornée et si le temps des cerises renvoie à un épisode dramatique de l'histoire, ce fruit évoque en général la gaieté, les boucles d'oreilles de l'enfance et les vacances qui s'annoncent, les épouvantails qui se balancent et les oiseaux qui filent, le rouge au bec. Est-ce leur production limitée dans le temps qui provoque cet engouement pour **les cerises**, et qui explique qu'encore 40 % de la consommation proviennent de jardins d'amateurs ? Doux ou acides, les fruits du cerisier, arbre rustique et productif, réjouissent petits et grands. Leur cueillette est longue et fastidieuse, mais les cerises se conservent facilement congelées, stérilisées ou même séchées.

CERISES GRATINÉES AUX AMANDES ET AUX ÉPICES

Pour 4 à 6 personnes
Préparation : 15 minutes
Cuisson : 25 minutes

Ingrédients

750 g de cerises fraîches, dénoyautées et coupées en deux
50 g de poudre d'amandes
1/2 cuillerée à café de cardamome en poudre
1 cuillerée à café de cannelle en poudre
2 pincées de muscade râpée
150 g de farine T 80
75 g d'huile de palme
Un peu d'huile pour le moule
4 cuillerées à soupe de sucre complet

Pour le yaourt mousseux

15 cl de yaourt (brebis, soja...)
1 blanc d'œuf
1 cuillerée à soupe de kirsh (ou 1/2 cuillerée à café d'extrait de vanille liquide)
2 cuillerées à soupe de sucre roux

Préchauffez le four à 180 °C (th. 6).

Mettez les cerises dans une jatte et saupoudrez de 1 cuillerée à soupe de sucre. Réservez à température ambiante, le temps de préparer le reste de la recette.

Mélangez, du bout des doigts, les épices, la farine et l'huile de palme coupée en petits morceaux jusqu'à l'obtention d'un mélange grumeleux. Incorporez le reste du sucre, toujours avec les doigts.

Huilez un plat à gratin de 30 cm de côté environ. Étalez un tiers de la pâte, couvrez de la moitié des fruits, puis ajoutez un autre tiers de pâte et le reste des fruits. Terminez par le reste de la pâte et saupoudrez d'amandes.

Couvrez le plat de papier d'aluminium, enfournez et laissez cuire 25 minutes.

Préparez le yaourt mousseux : mélangez le yaourt et le kirsh (ou la vanille). Battez le blanc en neige très ferme et incorporez le sucre sans cesser de fouetter. Incorporez délicatement cette préparation au yaourt.

Servez les cerises dans le plat de cuisson avec le yaourt mousseux.

Immangeable cru, même mûr, sauf pour quelques aventuriers du goût, ce fruit cabossé, d'un jaune lumineux, au parfum fin et pénétrant, serait la pomme d'or du jardin des Hespérides. Cultivé depuis 6 000 ans, **le coing** est le fruit d'un arbre indéracinable, planté en haies dans le Sud-Est et qui marque dans les champs les limites des propriétés. Fruit du dernier arbre à fleurir et plutôt tombé dans l'oubli, il perdure dans quelques doux souvenirs d'enfance où de vieilles et tendres sorcières transforment son âcre saveur en suave gelée dorée ou en riche pâte de coings. Pourtant, tant salées que sucrées, orientales ou provençales, les recettes l'associant aux viandes ou à d'autres fruits sont tentantes. Récolté à maturité, recouvert alors d'un duvet blanc, il parfume la maison le temps de sa présence.

COINGS AU FOUR, AU MIEL ET AUX PIGNONS

Pour 4 personnes
Préparation : 20 minutes
Cuisson : 40 minutes

Ingrédients

4 coings
4 cuillerées à soupe de pignons de pin
4 cuillerées à soupe de purée d'amandes
4 cuillerées à soupe de raisins secs
1/2 citron
12 clous de girofle
1/2 cuillerée à café de cannelle en poudre
4 cuillerées à soupe de miel de lavande
20 cl de jus de pomme
Un peu d'huile pour le moule
Poivre du moulin

Préchauffez le four à 180 °C (th. 6).
Épluchez les coings en les laissant entiers. Avec un petit couteau pointu, enlevez les cœurs. Frottez les coings avec le citron, en pressant un peu pour bien les badigeonner de jus et les empêcher ainsi de noircir. Enfoncez dans chacun 3 clous de girofle, répartis régulièrement.
Délayez le miel et la purée d'amandes dans un peu de jus de pomme, ajoutez la cannelle et 2 tours de moulin à poivre, puis les pignons et les raisins. Farcissez les coings de ce mélange.
Rangez-les dans un plat à gratin huilé. Mélangez le reste de la farce au reste de jus de pomme et répartissez ce mélange autour des fruits. Mettez au four 40 minutes environ, jusqu'à ce que les coings soient tendres et brun doré.

Nos ancêtres les Gaulois ramassaient-ils déjà **les cormes** ? Probablement, *cormius* désignant en ce temps-là une boisson fermentée obtenue à partir de ces petits fruits.
Le cormier, ou sorbier cultivé, se présente comme un bel arbre à la cime pyramidale, au port majestueux et équilibré, capable d'atteindre 20 mètres de hauteur sur un tronc de un mètre de diamètre. Il croît en lisière des bois, dans les parties basses des montagnes. Ses fruits ressemblent à de petites pommes de 3 cm de diamètre, rouges côté face, jaunes côté pile, tombant en octobre et couvrant le sol d'un beau tapis coloré. À ce stade, les cormes sont dures, acides, amères, très astringentes, autrement dit immangeables. Alors ramassez-les, étalez-les dans des cageots et oubliez-les quelques semaines ; en blettissant, elles vont devenir marron, molles, crémeuses, sucrées, très aromatiques. Comme les pommes ou les poires, elles renferment plusieurs pépins noirs.

MOUSSE DE CORMES

Passez les cormes à la moulinette pour enlever la peau et les pépins.
Dans une casserole, faites cuire la purée obtenue avec le sucre et la vanille pendant 10 minutes à feu doux en remuant. N'augmentez pas le feu pour éviter les éclaboussures. Hors du feu, ajoutez la purée d'amandes délayée dans un peu d'eau et mélangez bien pour obtenir une compote homogène.
Montez les blancs en neige avec 1 pincée de sel. Mélangez un tiers des blancs à la préparation aux cormes, pour l'alléger. Incorporez ensuite le reste des blancs en neige, en 2 fois et en soulevant la préparation avec une spatule. Répartissez dans des coupes et réservez au réfrigérateur avant de servir.

Servez cette mousse avec des tuiles aux amandes.

Pour 4 personnes
Préparation : 40 minutes
Cuisson : 10 minutes

Ingrédients

500 g de cormes blettes
2 cuillerées à soupe de purée d'amandes
2 blancs d'œufs
1 cuillerée à café d'extrait de vanille liquide
100 g de sucre complet
Sel

L'églantier – autrement dit le rosier sauvage – égaye les buissons de ses fleurs à cinq pétales, roses ou blanches, qui s'y épanouissent au début de l'été. Ses fruits rouges sont **les cynorhodons** pour les botanistes, les gratte-cul pour les profanes, en référence aux propriétés irritantes des poils contenus à l'intérieur des baies. Ils rappellent aux enfants, petits ou grands, les affres de la dictée ou les plaisirs indicibles de la plaisanterie.
Cueillis après les premières gelées, encore gorgés du soleil de l'été, ils sont devenus pulpeux, sucrés et très riches en vitamine C. L'élimination nécessaire des poils et des graines contenus dans les fruits, préparation longue et laborieuse, freine certainement leur consommation. Mais le résultat, plus subtil que spectaculaire, récompense le travail entrepris.

TARTELETTES AUX CYNORHODONS

Pour 12 tartelettes
Préparation : 3 heures
Cuisson : 1 heure 10

Ingrédients

500 g de cynorhodons (baies d'églantier)
250 g de pâte brisée
2 cuillerées à soupe de crème fraîche
Sucre roux (à peser en cours de préparation)

Enlevez les extrémités des baies.
Mettez les fruits dans une casserole, versez de l'eau à niveau et portez à ébullition. Maintenez la cuisson à petits bouillons pendant 10 minutes, pour bien ramollir les fruits.
Passez les fruits et le jus de cuisson au presse-purée pour retenir les graines et la majeure partie des poils. Récupérez la pulpe obtenue et passez-la au chinois avec une spatule pour obtenir une préparation très lisse. Ajoutez-lui la moitié de son poids de sucre.
Mettez à cuire pendant 30 minutes, en remuant de temps en temps. Vous allez obtenir une sorte de confiture.
Foncez des moules à tartelettes de 6 cm de diamètre. Mettez-les au réfrigérateur 30 minutes.
Préchauffez le four à 210 °C (th. 7).
Sortez les moules du réfrigérateur et piquez les fonds à la fourchette. Enfournez-les et laissez cuire pendant 20 minutes.
Mélangez la crème fraîche avec la confiture et garnissez les tartelettes de ce mélange. Laissez refroidir.

Il se peut que si vous la rameniez, vous essuyiez quolibets et lazzis ! Mais si vous en rapportez, vous récolterez à coup sûr gratitude et louanges. Quant au fait que vous les sucriez, cela relèvera de la faute de goût ou de la gérontologie. Petite et parfumée quand elle égaye les sous-bois, elle est choyée et attendue quand elle rougit au jardin.
La culture de **la fraise** que nous consommons naît avec la Révolution. Les engrais artificiels, l'irrigation, les serres chauffées en ont considérablement amélioré la production, ainsi que sa conservation, au détriment du goût et de sa teneur en vitamines. Désherbage éreintant, sensibilité aux maladies, contraintes du sol : la fraise pose souvent des problèmes au jardinier. Cultivée en bio, elle requiert un travail exigeant et laborieux, pour une récolte aléatoire, irrégulière et imprévisible. Mais si récolte il y a, le résultat est incomparable.

CONFITURE DE FRAISES AUX FLEURS DE SUREAU

Pour 2 pots de 375 ml
Préparation : 15 minutes (en 2 jours)
Cuisson : 25 minutes

Ingrédients

1 kg de fraises
3 ombelles de fleurs de sureau bien blanches
1 cuillerée à café d'agar-agar (1 sachet de 2 g)
300 g de sucre roux

La veille, équeutez les fraises et mettez-les dans une terrine avec le sucre. Couvrez et laissez macérer toute la nuit à température ambiante.
Le jour même, versez le contenu de la terrine dans une bassine ou un faitout. Portez à ébullition, puis laissez bouillir 20 minutes, en écumant régulièrement. Diluez l'agar-agar dans un peu d'eau froide et versez-le dans la bassine. Mélangez et faites cuire encore 5 minutes à feu doux.
Ébouillantez les bocaux et leurs couvercles.
Détachez une à une les fleurs de leur pédoncule et mélangez-les à la confiture.
Remplissez les pots à ras bord, fermez-les, et retournez-les aussitôt.

La confiture traditionnelle utilise la même quantité de sucre et de fruits pour garantir une excellente conservation. En retournant aussitôt les pots on stérilise le peu d'air restant dans les bocaux, ce qui permet de réduire le sucre de deux tiers tout en gardant une bonne conservation.

Si Monsieur Cro-Magnon avait offert à Madame un panier d'osier, il est sûr qu'aux beaux jours elle l'eût rempli de *Rubus ideaus* ! Aujourd'hui encore, **la framboise** sauvage pousse en buissonnant en lisière des forêts, dont elle affectionne l'humus acide.

Son alter ego cultivé apparaît au Moyen Âge, dans les jardins des monastères où les moines l'utilisaient à des fins médicinales. Contournant la règle monastique qui leur interdisait « le sang de la terre », ils en faisaient même du vin. Jolie, fraîche et si parfumée, elle séduit petits et grands, que ce soit au détour d'un chemin, au fond d'un jardin ou dans l'assiette, bonne fée des desserts enchanteurs.

BAVAROIS DE FRAMBOISES

Pour 4 personnes
Préparation : 20 minutes (+ 2 heures de repos)
Cuisson : 7 minutes

Ingrédients

500 g de framboises
2 œufs
2 cuillerées à café d'agar-agar (2 sachets de 2 g)
40 cl de lait de coco
7 cuillerées à soupe de sirop d'agave

Triez les framboises. Gardez-en quelques-unes pour le décor et mixez tout le reste. Passez ensuite cette purée au chinois pour en retirer les grains. Ajoutez le sirop d'agave, mélangez et réservez ce coulis.

Délayez l'agar-agar dans 2 cuillerées à soupe de lait de coco froid et faites chauffer le reste de lait dans une casserole. Versez-y l'agar-agar dilué. Maintenez le mélange à petite ébullition pendant 3 minutes.

Fouettez les jaunes d'œufs dans un saladier, puis versez le lait chaud par-dessus en remuant. Remettez sur le feu. Tournez sans arrêt pour éviter l'ébullition, jusqu'à ce que le liquide nappe la cuillère.

Battez les blancs en neige.

Incorporez le coulis de framboises au contenu de la casserole en battant vivement. Ajoutez les blancs délicatement, en soulevant la préparation aux framboises et en l'enrobant des blancs en neige.

Répartissez immédiatement cette préparation dans des coupes ou de grands verres à pied et laissez-la prendre au réfrigérateur pendant 2 heures environ. Servez frais, décoré des framboises restantes.

Groseille

La groseille appartient au genre botanique Ribe. *Ribas*, mot arabe, renvoie à une compote rafraîchissante, douce et sucrée, préparée en Orient à partir d'une variété sauvage de rhubarbe. Lorsque les Sarrasins arrivèrent en Europe par l'Espagne, vers l'an 700, ils découvrirent un arbuste des régions montagneuses dont les fruits leur permirent de préparer un succédané de leur ribas. Cet arbuste fut alors baptisé « ribe » en latin. Cultivé par les moines du Moyen Âge pour ses baies aux propriétés dépuratives du sang et de la peau, il emprunta alors au néerlandais son nom de groseillier. Le mot « ribe » est resté, mais désigne aujourd'hui cette grande famille botanique composée de 150 espèces sauvages d'arbustes à baies qui poussent jusqu'à 2 000 m d'altitude et compte en son sein le cassis et les groseilles blanches ou rouges. D'une fraîcheur acidulée et d'une richesse en vitamine C, couramment appréciées, ces baies aromatiques se dégustent crues, délicieuses en salades de fruits, ou cuites, que ce soit en gelées, compotes, sirops ou tartes. Transformées en coulis ou en sorbet, leur rouge lumineux fait chanter les desserts. Dans les régions sans vigne, on en fait parfois du vin.

GROSEILLES ET GLACE À LA VERVEINE

Sortez la plaque du four et préchauffez-le à 210 °C (th. 7).
Confectionnez les tulipes : mélangez les blancs d'œufs avec le sucre pour les faire mousser. Ajoutez la farine, la poudre d'amandes, le zeste de citron râpé. Mélangez jusqu'à l'obtention d'une préparation homogène.
Recouvrez la plaque du four de papier sulfurisé et badigeonnez-le d'huile. Versez 1 cuillerée à soupe de pâte afin de réaliser 1 disque mince de 2 mm d'épaisseur et 20 cm de diamètre environ. Réalisez un autre disque et faites-les cuire 6 à 10 minutes jusqu'à ce que les bords soient légèrement brunis. Dès qu'ils sont cuits, décollez-les à l'aide d'une spatule et appliquez-les encore chauds sur le fond d'un verre retourné. Laissez-les refroidir. Renouvelez 1 fois l'opération afin d'obtenir 4 tulipes (attention, il y a souvent des ratés).
Préparez la glace : faites chauffer le lait et la verveine. Juste avant l'ébullition, couvrez, retirez du feu et laissez infuser 30 minutes.
Dans un saladier, mélangez les jaunes d'œufs et le sucre jusqu'à ce que l'ensemble blanchisse.
Filtrez le lait. Portez-le à nouveau à frémissement, versez-le sur les œufs en remuant vivement, puis remettez le tout dans la casserole. Faites épaissir la crème sur feu doux jusqu'à ce qu'elle nappe la cuillère. Ne laissez pas bouillir.
Passez la crème à la verveine au chinois et ajoutez la crème fraîche.
Laissez refroidir en tournant de temps en temps pour éviter la formation d'une peau.
Faites prendre en sorbetière et conservez au congélateur. Si vous n'avez pas de sorbetière, versez la préparation dans un récipient inoxydable et réservez-le au congélateur. Toutes les heures, fouettez la préparation à la fourchette ou au mixeur afin de l'aérer et de briser les cristaux de glace au fur à mesure qu'ils se forment. Renouvelez l'opération jusqu'à ce que l'ensemble soit pris. Pensez à sortir la glace du congélateur 30 minutes avant de servir.
Préparez le coulis : mixez et passez au chinois 150 g de groseilles.
Mettez ce jus à chauffer à feu doux avec le sucre. Tournez jusqu'à ce que le sucre soit complètement dissous. Laissez refroidir et gardez au frais.
Servez dans chaque assiette une tulipe garnie de deux boules de glace à la verveine et entourée d'un filet de coulis de groseilles. Parsemez des groseilles restantes.

Pour 4 personnes
Préparation : 1 heure 30
Cuisson : 1 heure

Ingrédients

Pour les tulipes
2 blancs d'œufs
Le zeste de 1/2 citron
65 g de farine
100 g de poudre d'amandes
Un peu d'huile pour la plaque
100 g de sucre roux

Pour la glace à la verveine
3 tiges de verveine fraîche
4 jaunes d'œufs
50 cl de lait de soja
15 cl de crème fraîche
80 g de sucre roux

Pour le coulis et la finition
250 g de groseilles
100 g de sucre roux

Myrtille

Appelée dans certaines régions « raisin des bois », de la famille des éricacées comme les airelles et la bruyère, **la myrtille** se présente sous l'aspect d'une petite baie bleu nuit, délicieuse crue, souvent couverte d'une pellicule cireuse, et donnant un jus acidulé et très colorant. Figurant parmi les baies sauvages les plus ramassées malgré une cueillette des plus fastidieuses, elle pousse dans les terres des forêts de conifères et les landes, dans les régions montagneuses de préférence. Les variétés cultivées donnent des fruits plus gros, et une production qui s'échelonne de juillet à octobre. Pénible et longue à récolter – d'où son prix –, elle se consomme en jus, tartes, confitures, gâteaux ou liqueurs. Elle supporte bien la congélation, et, contrairement à d'autres baies plus fragiles, se conserve 2 à 3 semaines au réfrigérateur.

MOUSSE DE CITRON, SAUCE CHAUDE AUX MYRTILLES

Pour 4 à 6 personnes
Préparation : 25 minutes
(+ 3 heures au réfrigérateur)
Cuisson : 20 minutes

Ingrédients

Pour la mousse

2 citrons
5 jaunes d'œufs
2 blancs d'œufs
400 g de tofu soyeux
2 cuillerées à café d'agar-agar
(2 sachet de 2 g)
100 g de sucre roux (+ 1 cuillerée à soupe pour les blancs en neige)

Pour la sauce aux myrtilles

200 g de myrtilles
1 cuillerée à café d'arrow-root
3 cuillerées à soupe de sucre roux

Préparez la mousse : râpez le zeste des citrons et pressez les citrons. Dans une casserole de 1,5 litre, faites fondre l'agar-agar dans le jus des citrons et ajoutez les zestes. Faites chauffer à feu doux jusqu'à ébullition tout en remuant. Maintenez l'ébullition 3 minutes. Réservez.

Battez les jaunes d'œufs avec le sucre jusqu'à ce que le mélange soit mousseux. Fouettez le tofu pour le rendre bien homogène.

Mélangez soigneusement les trois préparations dans la casserole en fouettant. Faites chauffer sans cesser de remuer le mélange pour le lier, sans le faire bouillir. Laissez légèrement refroidir cette crème.

Montez les blancs en neige ferme. Ajoutez la cuillerée à soupe de sucre et fouettez pendant encore 1 minute. Le mélange doit être brillant.

Incorporez délicatement les blancs en neige dans la crème qui ne doit pas être trop chaude pour ne pas cuire les blancs et pas trop froide non plus sinon elle risquerait de prendre. Vous devez obtenir un mélange léger, mousseux, et parfaitement homogène.

Versez la préparation dans un moule à charlotte de 20 cm de diamètre environ. Mettez au réfrigérateur pendant au moins 3 heures.

Préparez la sauce : passez les myrtilles à la moulinette, puis au chinois. Dans une petite casserole, mélangez le jus de myrtille, le sucre et l'arrow-root, puis laissez cuire pendant 15 minutes en remuant.

Démoulez la mousse sur un plat de service. Servez en présentant le coulis chaud dans une saucière.

Chassé d'Europe occidentale par les dernières glaciations de l'ère quaternaire, le noyer y revint via l'Iran et le Caucase. Chargé de symboles et de vertus, accompagnant les hommes dans leurs activités, il traverse les âges et les continents. Ses racines et ses feuilles produisent une substance toxique le laissant seul maître de son territoire, et éclairant la croyance paysanne qui voulait que dormir dessous exposât à des malaises.
En France, il s'est acclimaté en Dordogne et dans le Dauphiné, croissant dans les sols calcaires et caillouteux, bien qu'étant assez exigeant en eau et en humus. De port majestueux, sa cime atteint parfois 20 à 25 mètres de haut et son tronc 2 mètres de circonférence. Ce superbe géant, à la silhouette sombre, évoque d'autant plus l'austérité et la rigueur qu'il reste longtemps dénudé.
En effet, sa floraison tardive et la chute précoce de ses feuilles lui laissent un cycle de végétation assez court. Par sa mise à fruit 10 ans au moins après la plantation, le noyer évoque aussi la patience.
Son bois superbe est apprécié des ébénistes, ses feuilles sont recherchées par la pharmacopée et les amateurs d'apéritif maison. L' enveloppe de son fruit, **la noix**, donne ce puissant colorant qu'est le brou de noix, et le fruit lui-même, enfin, est capable, par extraction, de fournir une huile parfumée et fort prisée. Tout cela fait du noyer comme un cousin de l'olivier, mais capable, lui, de prospérer là où le thermomètre descend en dessous de 0 °C.

Pour 30 macarons
Préparation : 10 minutes
Cuisson : 10 minutes

Ingrédients

300 g de cerneaux de noix réduits en poudre
3 blancs d'œufs
1 cuillerée à café d'extrait de vanille liquide
200 g de sucre roux

MACARONS AUX NOIX

Sortez la plaque du four et préchauffez-le à 120 °C (th. 4).
Mélangez tous les ingrédients.
Recouvrez la plaque du four de papier sulfurisé. Déposez, de façon bien espacée, des petits tas du mélange équivalents à 1 cuillerée à café. Égalisez les bords et faites cuire pendant 10 minutes environ.
Les macarons doivent être encore mous à la sortie du four. Ils durciront en refroidissant. Attendez quelques minutes, puis décollez-les délicatement. Laissez-les refroidir sur une grille et servez-les.

Pour 6 personnes
Préparation : 20 minutes
Cuisson : 40 minutes

Ingrédients

120 g de cerneaux de noix concassés
100 g de raisins secs
100 g d'abricots secs grossièrement hachés
2 cuillerées à soupe d'écorces de citron confites hachées
1 yaourt au lait de soja
3 œufs
10 gousses de cardamome
1 morceau de gingembre de 2 cm
1/2 cuillerée à café de cannelle en poudre
300 g de farine de quinoa
1 sachet de levure sans phosphate (10 g)
10 cl d'huile d'olive
150 g de sucre complet

CAKE AUX NOIX

Ouvrez les gousses de cardamome, récupérez les petites graines noires et écrasez-les au pilon. Épluchez et râpez finement le gingembre.
Préchauffez le four à 180 °C (th. 6).
Dans une grande terrine, mélangez la farine, le sucre, la levure et les épices. Ajoutez les fruits secs en mélangeant pour les enrober de farine. Incorporez le yaourt, l'huile et les œufs. Mélangez bien pour obtenir une préparation homogène.
Chemisez un moule à cake de 25 cm de longueur environ de papier sulfurisé. Versez-y la préparation. Enfournez et laissez cuire 40 minutes. Vérifiez la cuisson en plantant une lame de couteau qui doit ressortir sèche. Démoulez et laissez refroidir sur une grille.

Comme pour tout cake, attendez un jour ou deux avant de déguster, pour laisser les arômes se développer.

Au XIXe siècle, un pépiniériste français répertorie 160 variétés de **poires**, dont l'origine est la poire sauvage, toute petite et immangeable. Ces variétés diffèrent par leur forme, leur couleur, leur saveur, leur saison de maturité et leur région d'origine. Quel bel exemple du travail de transformation de la nature dont l'homme est capable ! De juillet à mars, la poire se déguste d'abord crue, fine et juteuse. Pour une variété plus ferme et granuleuse, ce sera après maturation au fruitier, voire cuite ou préparée selon un savoir-faire traditionnel. Une poire ne développera toute sa finesse et son arôme que parfaitement mûre. Mais beaucoup peuvent continuer à mûrir une fois cueillies, telles les poires « curé » qui se récoltent dures et vertes en octobre et poursuivent leur maturation en cours d'hiver.

POIRES GRATINÉES AUX NOISETTES

Coupez les poires en deux. Pelez-les et épépinez-les. Mettez-les à pocher dans une casserole avec 20 cl d'eau et le jus de citron pendant 30 minutes environ à feu doux (le temps de cuisson dépendra de la variété des poires). On doit pouvoir y planter la pointe d'un couteau sans résistance.
Dans une poêle à sec, faites griller les noisettes pendant 5 minutes, en tournant régulièrement. Laissez bien refroidir, puis frottez les noisettes entre vos mains, pour les débarrasser de leur peau.
Préchauffez le four à 180 °C (th. 6).
Dans le bol du robot, versez les noisettes, le sucre et l'huile de palme. Hachez le tout grossièrement.
Huilez un plat à gratin pouvant être porté à table. Disposez-y les poires, coté évidé au-dessus, puis recouvrez-les de la préparation aux noisettes. Enfournez-les et laissez-les cuire 15 minutes pour que le dessus soit doré et boursouflé. Servez aussitôt.

POUR 4 PERSONNES
PRÉPARATION : 40 MINUTES
CUISSON : 50 MINUTES

INGRÉDIENTS

28 poires à cuire (type curé)
100 g de noisettes décortiquées
Le jus de 1 citron
45 g d'huile de palme
Un peu d'huile pour le plat
170 g de sucre complet

Dieu voulait-il la garder pour lui, pour qu'il interdise à Adam et Ève de la croquer ? Quoi qu'il en soit, vrai ou faux, ce fait divers allait déboucher sur une sacrée histoire ! Originaire de Turquie, au bord de la mer Noire, **la pomme**, facile à transporter, a suivi les hommes et a semé ses pépins au fil du temps et de ses déplacements, jusqu'à traverser l'Atlantique avec le Mayflower pour conquérir le Nouveau Monde.
Venue du fond des âges, la pomme parcourt légendes et folklores, remplit d'odeurs chaudes et réconfortantes les souvenirs d'enfance et les après-midi d'automne, fait ployer l'arbre qui la porte – *malus* en latin, de la famille des rosacées – sous le poids des fruits, des mythes et des symboles, souvent liés aux thèmes de la connaissance. Boudez les goldens cueillies avant maturité et sorties des chambres froides du 1er janvier au 31 décembre, standardisées, dopées, millimétrées. Outre que les méthodes de stockage traditionnelles permettent presque une période de consommation aussi large, les vergers des quatre coins du monde regorgent de trésors non recensés, pour caler un petit creux, confectionner une salade originale, inventer une garniture savoureuse, cuisiner un dessert chaleureux. Pensez : 7 000 variétés de pommes, ce n'est pas rien !

GÂTEAU FONDANT AUX POMMES

Pour 4 personnes
Préparation : 10 minutes
Cuisson : 50 minutes

Ingrédients

1 kg de pommes un peu acides
100 g de raisins secs
Le jus de 1/2 citron
50 cl de crème anglaise
1/2 cuillerée à café de cannelle en poudre
3 cuillerées à soupe d'huile d'olive
(+ un peu d'huile pour le moule)

Préchauffez le four à 180 °C (th. 6).
Épluchez les pommes, retirez le trognon et coupez-les en tranches fines. Arrosez-les de jus de citron.
Dans un faitout, faites sauter les pommes rapidement avec l'huile, juste le temps de les saisir, sans les laisser cuire.
Graissez un moule à charlotte de 20 cm de diamètre.
Remplissez le moule en alternant une couche de tranches de pommes, une couche de sucre et une couche de raisins secs, puis saupoudrez de cannelle. Renouvelez l'opération jusqu'à épuisement des ingrédients, en terminant par une couche de pommes.
Tassez avec le dos de la cuillère et couvrez d'une feuille de papier d'aluminium. Enfournez et laissez cuire 50 minutes au four en tassant à mi-cuisson avec le dos de la cuillère. Laissez tiédir avant de démouler. Servez tiède avec la crème anglaise.

CONFIT DE POMMES À L'ORANGE

Pour 4 personnes
Préparation : 10 minutes
Cuisson : 2 heures 30

Ingrédients

1 kg de pommes
20 cl de jus de pomme
Le jus et le zeste de 1 orange
30 cl de crème anglaise
3 cuillerées à soupe d'huile d'olive
110 g de sucre complet

Épluchez les pommes, retirez le trognon et coupez-les en quartiers. Dans une casserole à fond épais, versez le jus d'orange, le jus de pomme et le sucre, puis portez à ébullition. Baissez le feu et laissez bouillonner 5 minutes pour réaliser un sirop. Jetez-y le zeste d'orange, les quartiers de pommes et l'huile d'olive. Couvrez et laissez cuire tout doucement 2 heures à 2 heures 30 en remuant plusieurs fois en cours de cuisson pour empêcher d'attacher. Vous devez obtenir une compote très épaisse, d'une belle couleur cuivrée, brillante. Laissez refroidir avec le zeste, puis retirez-le avant de servir.
Présentez ce confit de pommes en dôme dans chaque assiette, arrosé de crème anglaise bien froide.

Travailler pour elles ou en prendre une ne procurent guère de plaisir. Mais, de juillet à octobre, croquer dans **une prune** en veillant à ne pas tacher sa chemise, quel régal ! Héritières de nombreuses améliorations apportées au fil des siècles, adaptées à tous les climats, tous les sols, de la Lorraine à Agen, les *Prunus domestica*, arrière-petites-filles du prunellier, se recensaient par dizaines de variétés au XIXe siècle. Figurant parmi les plus anciens fruits consommés par l'homme, introduites en Europe par les croisés, c'est au XVIe siècle, sous François Ier, que leur consommation décollera.
La mirabelle, quant à elle, est une variété à floraison tardive qui aime la chaleur et s'est acclimatée dans l'est de la France, la « belle à voir » – selon son nom d'origine italienne – est cette petite prune sphérique jaune tachetée de rouge ou de rose. De chair ferme et très sucrée, elle donne, distillée, une eau-de-vie réputée. Dénoyautée, elle se conserve séchée, congelée, en confiture ou bien au sirop.
Mais qu'elles soient petites ou grosses, rondes ou allongées, rouges, vertes, jaunes ou violettes, fermes ou juteuses, acidulées ou sucrées, toutes les prunes sont à essayer absolument sur place, par une chaude après-midi de fin d'été, juteuses, gorgées de soleil. Une, puis une autre, et encore une autre...

CHUTNEY DE PRUNES

Pour 4 bocaux de 200 ml
Préparation : 15 minutes
(+ 6 semaines de macération)
Cuisson : 1 heure

Ingrédients

500 g de prunes (ou de mirabelles)
500 g de pommes à compote
250 g d'oignons
80 g de raisins secs
1 gousse d'ail
1 morceau de gingembre de 3 à 4 cm
1 cuillerée à café de graines de moutarde
1/4 de cuillerée à café de cumin en poudre
1/4 de cuillerée à café de cannelle en poudre
1 clou de girofle
1 pincée de Cayenne
25 cl de vinaigre de cidre
200 g de sucre complet
Sel

Dénoyautez les prunes. Épluchez et coupez grossièrement les pommes en morceaux.
Mettez les fruits dans un grand faitout avec les oignons émincés, les raisins secs, l'ail écrasé, le gingembre pelé et râpé, les graines de moutarde, le cumin, la cannelle, le clou de girofle, le poivre et 1/4 de cuillerée à café de sel. Mélangez et laissez cuire 30 minutes à feu doux.
Ajoutez à cette marmelade le sucre et le vinaigre, puis laissez cuire pendant encore 30 minutes à feu doux, jusqu'à l'absorption du vinaigre.
Ébouillantez les bocaux et versez-y le chutney. Fermez-les hermétiquement et entreposez-les dans un endroit frais et sombre. Laissez macérer pendant au moins 6 semaines avant de consommer.

Servez ce chutney avec un fromage à pâte cuite. Pour que le cumin dégage plus de saveur, achetez-le en grains et pilez-le.

Quand ils ne sont pas ces friandises de série noire radicales contre la constipation, **les pruneaux** sont, traditionnellement en France, des prunes « d'ente », de forme ovale et de peau violette, cultivées et mises à sécher dans la région d'Agen. Libre à vous d'appliquer ce procédé traditionnel de séchage à d'autres variétés de prunes, comme la reine-claude dorée. On obtient un pruneau différent de forme et de couleur, mais tout autant sucré et délicieux, et se conservant parfaitement. Voici comment faire : ramassez les prunes très mûres, ne négligez pas les fruits tombés au pied de l'arbre, éclatés et collants. Portez à ébullition une grande quantité d'eau dans un faitout de 10 ou 15 litres. Remplissez un panier à salade métallique de prunes et plongez-le dans l'eau bouillante de façon à ce que les prunes soient complètement recouvertes d'eau. Ressortez-le aussitôt. Recommencez l'opération deux fois. Soit trois allers-retours dans l'eau bouillante. Disposez les prunes ainsi pochées sur des claies en une seule couche pour que la circulation de l'air soit assurée. Procédez de même pour le reste des prunes. Exposez-les au soleil tous les jours, en les rentrant la nuit et en les retournant vers le troisième jour. Le séchage demande une dizaine de jours suivant l'ensoleillement.
S'il ne fait pas beau ou si vous n'avez pas de jardin, mettez les prunes à sécher au four à 100 °C (th. 3), porte entrouverte, 1 heure le matin et 1 heure le soir. Renouvelez l'opération pendant 3 à 10 jours, selon la consistance souhaitée (goûtez-les à chaque étape du séchage). Stockez les pruneaux dans des sachets en papier.

BRIOCHE AUX PRUNEAUX

Préparez la pâte : faites tiédir le lait et délayez la levure et le sel dans la moitié de celui-ci. Réservez. Dans un saladier, mélangez le sucre et la farine. Incorporez les œufs, la levure diluée, puis le reste du lait tiède. Ajoutez enfin l'huile. Travaillez cette pâte pour former une boule. Couvrez et laissez lever dans un endroit chaud pendant 1 heure 30.

Plongez le zeste de citron dans 25 cl d'eau et portez à ébullition. Couvrez et laissez bouillir pendant 10 minutes environ. Hors du feu, laissez tremper les pruneaux dans cette décoction pendant 10 minutes environ.

Pendant ce temps, préparez la crème pâtissière : portez le lait à ébullition. Incorporez l'œuf, le jaune, le sucre et la farine, puis ajoutez le lait bouillant. Portez à ébullition à feu doux et faites épaissir 3 minutes en tournant. Laissez tiédir.

Égouttez les pruneaux et dénoyautez- les.

Préchauffez le four à 180 °C (th. 6).

Graissez un moule à tarte à bord haut de 5 cm de hauteur et 20 cm de diamètre environ. Étalez la pâte et garnissez-en le moule. Il est normal qu'elle soit plus molle qu'une pâte brisée. Répartissez la crème pâtissière dessus, jusqu'à 2 cm du bord. Recouvrez de pruneaux et faites cuire au four pendant 30 minutes. Vérifiez la cuisson de la pâte en la piquant de la pointe d'un couteau. Démoulez et laissez refroidir la brioche.

Faites chauffer la confiture avec 1 ou 2 cuillerées à soupe d'eau, passez-la au chinois et badigeonnez-en le dessus du gâteau pour le glacer. Décorez d'amandes effilées et grillées et servez.

Pour 4 à 6 personnes
Préparation : 40 minutes (+ 1 heure 30 de repos pour la pâte)
Cuisson : 30 minutes

Ingrédients

40 gros pruneaux
Quelques amandes effilées
2 cuillerées à soupe de confiture d'abricots
Le zeste de 1/2 citron
Un peu d'huile pour le moule

Pour la pâte

2 œufs
200 g de farine
1 sachet de levure de boulanger déshydratée (7 g)
15 cl de lait
75 g d'huile d'olive
50 g de sucre roux
Sel

Pour la crème pâtissière

1 œuf
1 jaune d'œuf
20 g de farine
25 cl de lait
50 g de sucre roux

Des noyaux de prunes sauvages ont été retrouvés dans des habitations lacustres de l'âge de la pierre, mais c'est la reine Claude, épouse de François Ier, qui contribua à son essor. Le fruit qui porte son nom est vert doré, rosé à l'insolation. Sa chair fine, fondante et miellée, fait de **la reine-claude** sans doute la prune la plus savoureuse.

CLAFOUTIS AUX REINES-CLAUDES

Pour 4 à 6 personnes
Préparation : 20 minutes
Cuisson : 1 heure

Ingrédients

- 500 g de reines-claudes
- 2 œufs
- 10 gousses de cardamome
- 50 g de farine T 80
- 50 cl de lait de soja
- 40 g de margarine végétale (non hydrogénée)
- Un peu d'huile pour le plat
- 110 g de sucre roux

Préchauffez le four à 180 °C (th. 6).

Huilez un plat rectangulaire de 20 cm sur 30 cm allant au four et pouvant être présenté à table.

Dénoyautez les prunes. Étalez-les en une seule couche sur tout le fond du plat.

Dans un saladier, fouettez les œufs avec le sucre. Ajoutez la farine, puis le lait en mélangeant pour ne pas faire de grumeaux.

Versez la pâte sur les prunes. Parsemez le dessus du plat de noisettes de margarine. Ouvrez les gousses de cardamome, récupérez les graines qu'elles contiennent et répandez-les sur le clafoutis.

Enfournez et laissez cuire 1 heure environ : le clafoutis doit être pris. Prolongez la cuisson de 10 minutes pour faire dorer, si nécessaire. Servez tiède ou froid.

Ce dessert peut être réalisé hors saison avec des fruits dénoyautés congelés. Sortez les fruits du congélateur au dernier moment, une fois l'appareil à clafoutis réalisé. Garnissez le plat des prunes gelées et suivez la recette en prolongeant la cuisson de 10 minutes.

Voilà encore une plante du jardin que les hommes ont d'abord utilisée pour ses vertus médicinales. Encore une plante, aussi, dont les différentes parties ont suscité un intérêt variable au cours du temps : les Chinois utilisaient sa racine 2 700 ans avant J.-C. pour ses pouvoirs purgatifs et stomachiques ; l'Europe du Moyen Âge les imita. Au XVIIIe siècle, les Anglais découvraient l'utilisation alimentaire des pétioles, les grosses tiges côtelées. Quant aux énormes feuilles, très toxiques de par leur forte teneur en acide oxalique, mais qui donnent à la plante une allure de comtesse imposante et souvent esseulée, elles ne dépareraient guère dans un massif ornemental. Utilisées en décoction pulvérisée pour lutter contre les pucerons, ces feuilles appartiennent à l'arsenal défensif de l'agriculture biologique. Aimant les temps frais et humides, **la rhubarbe** ouvre le bal des fruits de printemps. Elle pousse avec grâce et majesté, à la mi-ombre, dans une terre riche et profonde. Ses côtes, épluchées, découpées en tronçons, garnissent les tartes, deviennent compotes ou confitures, ou se conservent au congélateur. Son association avec des pommes douces, comme les goldens d'un producteur digne de confiance, tempère son acidité.

TARTE AUX POMMES, RHUBARBE ET CANNELLE

Pour 4 personnes
Préparation : 30 minutes
Cuisson : 35 minutes

Ingrédients

5 tiges de rhubarbe
2 ou 3 pommes golden (selon leur taille)
80 g de poudre d'amandes
250 g de pâte brisée
2 œufs
1/2 cuillerée à café de cannelle en poudre
15 cl de crème fraîche
1 cuillerée à soupe d'huile d'olive (+ un peu d'huile pour le moule)
100 g de sucre roux (+ 1 cuillerée à soupe pour les pommes)

Étalez la pâte sur un plan de travail fariné et garnissez-en un moule à tarte huilé de 22 cm de diamètre. Réservez-le au frais.
Préchauffez le four à 180 °C (th. 6).
Épluchez les pommes et coupez-les en tranches épaisses. Faites-les poêler dans l'huile 5 à 10 minutes à feu moyen. Saupoudrez-les de la cuillerée à soupe de sucre et laissez-les caraméliser pendant 1 minute. Réservez.
Dans un saladier, battez les œufs avec le sucre. Ajoutez la crème, la poudre d'amandes et la cannelle. Mélangez jusqu'à l'obtention d'une préparation homogène.
Épluchez la rhubarbe et coupez-la en tronçons de 2,5 cm.
Garnissez le fond de la tarte de pommes et de rhubarbe en les répartissant bien. Enfournez et laissez cuire 15 minutes. Sortez la tarte du four, recouvrez-la de la préparation aux amandes et laissez-la cuire à nouveau 15 minutes. Dégustez cette tarte tiède ou froide.

Sureau (baie de)

Arbrisseau oublié qui pousse communément sur les ruines et les terrains délaissés, **le sureau**, *suhac* en occitan, planté avant le christianisme pour chasser le mauvais œil et protéger la maisonnée, fit figure à d'autres époques d'agent de la poisse : qu'une simple branche touche une vache et elle venait à tarir ! Versatilité des jugements humains !

La cuisine scandinave ou anglo-saxonne connaît bien cet arbre auquel Judas s'est pendu. De multiples recettes traditionnelles utilisent tantôt les fleurs, très aromatiques, pour des boissons ou des pâtisseries parfumées, tantôt les fruits, petites baies, noires à maturité, pour des tartes, des gelées ou des sirops. Selon qu'on utilise les fleurs ou les fruits, les feuilles ou l'écorce, le sureau soigne les rhumes et la toux, les intestins et les rhumatismes. Quant à son bois à la moelle tendre qui se creuse facilement, on y a sculpté des millénaires durant des flûtes – celles des bergers et des contes de fées –, des sarbacanes pour les enfants, des pipes pour les anciens.

Restent ses pouvoirs colorants, que vous découvrirez sans peine aux teintes laissées sur vos mains, si vous tentez l'aventure.

Cueillir les tiges de sureau qui portent les baies en ombelles, au mois de septembre, est très facile. Égrenez ces dernières à la main ou à la fourchette, sur le bord d'un saladier ; mais attention aux facétieuses petites baies qui sautent sur le vêtement délicat !

BARQUETTES AMANDINES AU SUREAU

Passez les baies de sureau à la moulinette, puis au chinois. Vous devez obtenir un jus pulpeux. Délayez l'arrow-root dans un peu d'eau froide.
Portez le jus de sureau et 120 g de sucre à ébullition en mélangeant de temps en temps. Maintenez l'ébullition 5 minutes à feu doux. Ajoutez l'arrow-root en remuant. Laissez épaissir 3 minutes et réservez à température ambiante.
Préchauffez le four à 210 °C (th. 7).
Étalez la pâte sur un plan de travail fariné. Foncez des moules à tartelettes ovales de 10 cm de long.
Répartissez le coulis de sureau dans le fond des tartelettes.
Battez les blancs d'œufs en neige pas trop ferme. Tout en battant, incorporez le reste de sucre, la vanille, puis la poudre d'amandes. Répartissez ce mélange dans les tartelettes, de manière à recouvrir entièrement le sureau.
Enfournez et laissez cuire 25 minutes, jusqu'à ce que la garniture soit dorée, gonflée et légèrement craquelée au centre. Démoulez délicatement, laissez refroidir et servez.

Pour 4 personnes (8 tartelettes)
Préparation : 40 minutes
Cuisson : 35 minutes

Ingrédients

250 g de baies de sureau
300 g de pâte brisée
2 blancs d'œufs
90 g de poudre d'amandes
1 cuillerée à café d'arrow-root
1/2 cuillerée à café d'extrait de vanille liquide
210 g de sucre roux

Dans nos régions, en mai-juin, les ombelles blanches et lumineuses du **sureau** éclairent la verdure et exhalent un parfum délicat empreint d'un peu d'exotisme. Nos grands-mères en usaient comme produit de beauté pour les soins de la peau. Une poignée de fleurs séchées dans une caisse de pommes, bien fermée, apporte à celles-ci un goût d'ananas. Faire des beignets comme cela se fait pour les fleurs d'acacias, de la limonade ou même un mousseux, appelé parfois « champagne de sureau », figure parmi les utilisations possibles de ces fleurs.

SIROP DE FLEURS DE SUREAU

Pour 3 litres de sirop
Préparation : 10 minutes
(+ 24 heures de repos)

Ingrédients

25 ombelles de fleurs de sureau bien blanches
3 citrons
3 kg de sucre roux

Pressez les citrons dans un grand saladier. Ajoutez les écorces des citrons et les fleurs. Portez à ébullition 3 litres d'eau et versez-la dans le saladier. Couvrez et laissez reposer pendant 24 heures à température ambiante.

Filtrez la préparation, ajoutez le sucre et laissez refroidir. Pendant 1 heure, mélangez de temps en temps.

Pasteurisez le sirop : faites-le chauffer sans porter à ébullition. Dès que le sirop frémit, retirez du feu et mettez en bouteilles stérilisées.

Un délice pour petits et grands ! On peut le déguster coupé d'eau comme un sirop commun ou bien en napper un dessert, des crêpes par exemple.

HERBES ET FLEURS

L'aneth, comme l'anis, le carvi et le fenouil, auquel il ressemble beaucoup, appartient à la famille des ombellifères : il pousse en ombelles. Du fenouil, il partage les propriétés médicinales. Les Romains, qui lui attribuaient la faculté d'accroître l'énergie physique, en « dopaient » les gladiateurs. Peu connu dans nos régions et dans notre cuisine, il enchante le nord de l'Europe, où il assaisonne de multiples façons le poisson. Toute l'année, ses semences, séchées et pulvérisées comme on le fait pour le poivre, agrémentent les plats ; en été, ce sont ses feuilles. Par ailleurs, il parfume les cornichons et le vinaigre. On sème les graines à partir du mois d'avril, plusieurs fois jusqu'à l'été, dans un sol bien drainé. L'aneth pousse facilement au soleil, et apprécie le voisinage des carottes. Quasi absent à l'état sauvage, mais rustique et montant facilement en graine, il se ressème tout seul et s'installe au jardin là où le vent le mène.

CRÈME DE CONCOMBRE À L'ANETH

Pour 4 personnes
Préparation : 15 minutes

Ingrédients

2 cuillerées à soupe d'aneth frais ciselé
1 concombre
2 yaourts nature
1 gousse d'ail
1 cuillerée à café de paprika doux
1 pincée de curry
10 cl de crème liquide
Sel
Poivre du moulin

Épluchez le concombre, coupez-le en deux dans la longueur et ôtez les pépins. Râpez la chair avec une râpe à gros trous et mettez-la dans une passoire fine avec 1/4 de cuillerée à café de sel. Posez par-dessus une assiette surmontée d'un poids et laissez dégorger 30 minutes à température ambiante.
Mettez le concombre avec tous les autres ingrédients dans le robot et mixez brièvement. Rectifiez l'assaisonnement. Servez frais dans de petits bols individuels.

Vous pouvez servir cette crème de concombre avec du poisson fumé ou des pommes de terre tièdes.

Basilic

Reptile fabuleux tuant d'un seul regard dans les légendes, symbole du feu dévastateur en alchimie, **le basilic** est aussi – et surtout – cette plante amoureuse de soleil et caractéristique des saveurs méditerranéennes.
Prisant fort chaleur et lumière, il a quelques difficultés à pousser là où le climat est frais et la luminosité insuffisante.
Il aime la compagnie des tomates, tant au jardin qu'en cuisine. Il assaisonne avec bonheur tous les légumes d'été, les sauces et les salades, lorsqu'on l'ajoute, tel quel – évitez toute cuisson – et ciselé à la dernière minute.
Pour le conserver, mettez les feuilles en couches dans un petit bocal, saupoudrez de sel entre les couches et remplissez d'huile d'olive. Vous utiliserez l'huile pour aromatiser les plats, sans vous inquiéter du léger noircissement des feuilles.
Semez le basilic très tôt au printemps, en godets remplis de terreau et gardés au chaud à la maison, près d'une fenêtre.
Sortez les plants petit à petit, au début de l'été, avant de les replanter.

POTAGE GLACÉ À LA TOMATE ET AU BASILIC

Pour 4 personnes
Préparation : 20 minutes
Cuisson : 15 minutes

Ingrédients

20 feuilles de basilic
8 tomates
1 courgette longue
1 gousse d'ail
2 cuillerées à soupe de vinaigre balsamique
4 cuillerées à soupe d'huile d'olive
Sel
Poivre du moulin

Sortez la plaque du four et préchauffez-le à 100 °C (th. 3). Lavez la courgette et, dans la longueur, découpez-la en très fines lamelles à la mandoline. Frottez les lamelles avec la gousse d'ail et badigeonnez-les d'huile d'olive au pinceau. Déposez-les sur la plaque du four, enfournez-la et laissez sécher les courgettes 10 minutes environ en les surveillant attentivement pour qu'elles ne brunissent pas.
Épluchez et épépinez les tomates. Mixez-les au robot jusqu'à l'obtention d'une mousse onctueuse. Ajoutez l'huile, le vinaigre et le basilic ciselé. Salez, poivrez et mixez à nouveau. Réservez ce potage au frais jusqu'au moment de le servir dans des coupelles, accompagné des chips de courgettes.

SAUCE AU BASILIC ET AU POIVRON ROUGE

Pour 4 personnes
Préparation : 10 minutes
Cuisson : 10 minutes

Ingrédients

3 cuillerées à soupe de feuilles de basilic ciselées
1 poivron rouge
1 gousse d'ail
1 pincée de paprika doux
6 pistils de safran (facultatif)
3 cuillerées à soupe de feuilles de menthe ciselées
2 cuillerées à soupe de vinaigre de xérès
2 cuillerées à soupe d'huile d'olive
Sel

Allumez le gril du four.
Mettez le poivron sous le gril pendant 10 à 15 minutes en le retournant régulièrement pour que la peau noircisse et se cloque sur toutes les faces. Sortez-le du four et enfermez-le dans un sac en plastique jusqu'à ce qu'il soit tiède. Il sera alors facile de l'éplucher. Quand le poivron est tiède, ôtez la peau, les membranes et les pépins.
Mixez le poivron, les feuilles de basilic et de menthe, l'huile, le vinaigre, l'ail, le paprika, le safran et 1 pincée de sel.

Dégustez cette sauce avec une terrine de légumes ou du poisson froid.

Même si la culture de **la bourrache** comme plante alimentaire est abandonnée depuis longtemps, vous la trouverez néanmoins facilement près des murs en ruine, dans les tas de cailloux. Bien que préférant le soleil, elle pousse un peu partout. Cette grande plante d'aspect velu, recouverte de piquants un peu désagréables, entre en cuisine par ses fleurs en forme d'étoile, d'un bleu superbe piqueté d'étamines noires ; elles décorent les plats, les salades, les glaces. Crues, hachées et marinées, ses feuilles ajoutent un goût de concombre aux salades ; cuites, elles donnent une soupe savoureuse d'un beau vert pâle. Si elle manque à l'état sauvage, vous pouvez la semer au printemps et l'éclaircir quand la plantule atteint une dizaine de centimètres, pour lui offrir de l'espace. Elle se ressèmera spontanément.

VELOUTÉ À LA BOURRACHE

Pour 4 personnes
Préparation : 15 minutes
Cuisson : 25 minutes

Ingrédients

3 poignées de feuilles et quelques fleurs de bourrache
3 pommes de terre
1 oignon
1 pincée de muscade
10 cl de crème de soja
Sel
Poivre du moulin

Préparez la bourrache en éliminant les grosses tiges un peu dures.
Épluchez l'oignon et les pommes de terre, puis coupez-les en morceaux. Mettez-les à cuire dans 1 litre d'eau bouillante pendant 25 minutes. Mixez le tout finement, de préférence au blinder.
Assaisonnez avec la muscade, salez et poivrez. Réchauffez la soupe en ajoutant un peu d'eau ou de lait, si nécessaire. Liez avec la crème, parsemez de fleurs de bourrache et servez.

Faire danser ou faire pousser **la capucine** : un jeu d'enfant ! Aussi simple que gaie, au jardin comme à la cuisine, elle est souvent la première fleur choisie pour initier les chers bambins au jardinage. De culture facile pour un résultat relativement rapide (de grosses graines qu'un petit doigt enfonce facilement dans un coin de jardinière ou une plate-bande préparée), les capucines s'étalent en flaques de fleurs rouges, jaunes, orangées, pourpres, quelques mois plus tard. Et la parade dure jusqu'aux gelées. On peut les laisser dégouliner dans une potée sur le bord d'une fenêtre, ou ramper en magnifique couvre-sol, au pied des tomates, par exemple, pour leur garder la fraîcheur. Dans la cuisine, une poignée disposée au dernier moment donne un air de fête à une simple laitue : effet si joli qu'on n'ose pas la manger ! Pourtant, le poivré qu'apportent feuilles et fleurs ne passe pas inaperçu. Avec les graines tout juste formées et encore vertes, on prépare des câpres. La plante est riche en vitamine C. Son usage est réputé aphrodisiaque : plus tout à fait un jeu d'enfant...

CÂPRES DE CAPUCINE CONFITES

Pour 3 bocaux de 250 ml
Préparation : 15 minutes (+ 4 jours de marinade et 2 mois de macération)

Ingrédients

500 g de graines vertes et de boutons de fleurs de capucine
10 petits oignons blancs
2 clous de girofle
1 cuillerée à café de gingembre en poudre
2 branches d'estragon
2 feuilles de laurier
12 grains de poivre
50 cl de vinaigre de vin blanc
Gros sel

Placez les graines vertes et les boutons de fleurs dans une terrine, recouvrez-les de sel et remuez. Laissez mariner pendant 4 jours à température ambiante.
Stérilisez les bocaux. Égouttez les graines et les boutons de capucine et remplissez-en les bocaux aux trois quarts. Répartissez dans les bocaux les petits oignons épluchés, les clous de girofle, le gingembre, l'estragon, le laurier et les grains de poivre. Recouvrez de vinaigre. Fermez les bocaux et laissez macérer pendant 2 mois dans un endroit frais.

S'utilise comme les câpres.

Plante aromatique aux délicates feuilles en forme de fougère, elle est cousine du persil et peut s'y substituer en apportant toute sa subtilité, sa finesse et sa saveur anisée. Elle agrémente consommés, œufs, salades, sauces, quiches et ce, sans être exclusive car elle s'associe volontiers aux autres herbes dont elle relève le goût. Privilégiez l'effeuillage à la main : un ustensile métallique en altérerait, à coup sûr, le goût.

Sa culture est très facile. Rustique et bisannuelle, on peut en disposer presque toute l'année, en pleine terre ou en jardinière, en semant beaucoup et souvent. Beaucoup, car, pour révéler sa finesse, **le cerfeuil** exige un usage généreux ; souvent, car il monte en graine facilement, intéressant alors plus le jardinier que le cuisinier.

En conséquence, prévoyez la relève en semant une petite ligne toutes les quinzaines.

SOUPE DE POIREAUX AU CERFEUIL

Épluchez et émincez les oignons et les poireaux. Faites-les revenir 5 minutes dans l'huile. Mouillez avec le bouillon et ajoutez les pommes de terre épluchées. Faites cuire le tout 20 minutes à feu doux. Salez et poivrez.
Mixez avec la moitié du cerfeuil. Faites réchauffez à feu doux, salez, si nécessaire, et poivrez. Hors du feu, incorporez la crème et le reste du cerfeuil. Servez chaud.

Pour 4 personnes
Préparation : 10 minutes
Cuisson : 30 minutes

Ingrédients

1 beau bouquet de cerfeuil
500 g de poireaux
200 g de pommes de terre
2 oignons
15 cl de crème de soja liquide
1 litre de bouillon de légumes
(ou 2 cubes de bouillon délayés
dans 1 litre d'eau)
1 cuillerée à soupe d'huile d'olive
Sel
Poivre du moulin

Ciboulette

Qui a bien pu inventer l'expression péjorative « Ne rien avoir dans la ciboulette », quand cette plante, la plus petite de la famille des oignons, en distille l'arôme le plus délicat et le plus raffiné ? C'est une plante rustique et persistante, reproductible par semis ou par division de touffe, à replanter dans une terre fertile. Couper régulièrement les feuilles un peu au-dessus du sol pour empêcher la plante de fleurir en assure une provision continuelle pendant la saison. Il faut l'arroser abondamment et on peut la cultiver en pot. Entre **la ciboulette** et les omelettes, quelle histoire d'amour ! Par ailleurs, ajoutée au dernier moment pour ne pas en détruire le goût, elle agrémente les salades, les tomates, et surtout les pommes de terre. On peut la congeler, mais pas la faire sécher.

CRÊPES DE POMMES DE TERRE À LA CIBOULETTE

POUR 4 PERSONNES
PRÉPARATION : 15 MINUTES
(+ 30 MINUTES DE REPOS POUR LA PÂTE)
CUISSON : 30 MINUTES

INGRÉDIENTS

2 cuillerées à soupe de ciboulette finement ciselée
150 g de pommes de terre farineuses
2 œufs
20 g de gruyère râpé
1 pincée de muscade
1 morceau de gingembre de 2 cm
50 g de farine
Le jus de 1/2 citron
10 cl de lait
2 cuillerées à soupe d'huile de tournesol
10 à 20 g d'huile de palme
Sel

Travaillez au fouet la farine, le lait et 4 cuillerées à soupe d'eau jusqu'à l'obtention d'un mélange homogène. Laissez reposer cette pâte 30 minutes à température ambiante.
Mélangez à la pâte le fromage, les œufs, l'huile de tournesol et le jus de citron. Ajoutez la muscade et le gingembre râpé, salez et mélangez. Épluchez et râpez finement les pommes de terre. Incorporez-les à la pâte avec la ciboulette.
Préchauffez le four à 100 °C (th. 3).
Faites chauffer une poêle de 20 cm de diamètre, piquez l'huile de palme au bout d'une fourchette et frottez-en le fond de la poêle. Versez 2 cuillerées à soupe de pâte et laissez cuire 1 à 2 minutes de chaque côté à feu moyen. Renouvelez l'opération jusqu'à l'obtention de 8 crêpes. Tenez au chaud entre deux assiettes dans le four jusqu'au moment de servir.

Servez avec une frisée assaisonnée d'une vinaigrette à laquelle vous aurez ajouté un petit bouquet de ciboulette hachée, ou en accompagnement d'un curry de légumes.

Qui ignore cette fleur sauvage, légère et fragile, rencontrée au détour d'une comptine ou glissant des lèvres de Mouloudji ? Sa couleur éclatante sème la joie partout où elle s'installe. Vagues écarlates incrustées dans les blés pour le bonheur des yeux, elle régresse massivement – à l'instar des bleuets – face à l'usage des herbicides. Aujourd'hui, **les coquelicots** s'offrent au regard dans les friches, le long des voies ferrées et des chemins, là où la terre mise à nu repousse la concurrence d'autres fleurs vivaces.
Les jeunes feuilles, qu'il faut identifier et ramasser avant qu'elles ne fleurissent, se mangent, occasionnellement, mélangées avec plusieurs variétés de salades. Assaisonné d'une vinaigrette et égayé de quelques pétales, ce plat étonnera les invités.
Les fleurs donnent une infusion d'une jolie couleur, calmant la toux et l'agitation des enfants. À maturité complète, les capsules pleines de petites graines se récoltent : elles s'utilisent comme les graines de pavots dans la cuisine juive, dans les pains et les pâtisseries. Elles sont riches de 39 % d'huile.

GALETTES FEUILLETÉES AUX GRAINES DE COQUELICOT

Pour 6 personnes
Préparation : 15 minutes
Cuisson : 10 minutes

Ingrédients

2 cuillerées à soupe de graines de coquelicot
1 jaune d'œuf
200 g de pâte feuilletée légère (voir recette ci-contre)
2 cuillerées à soupe de lait
2 cuillerées à soupe d'huile de tournesol
Fleur de sel

Dans un petit bol, mélangez les graines de coquelicot, l'huile et 1/2 cuillerée à café de fleur de sel.
Étalez la pâte feuilletée sur 4 mm d'épaisseur en formant un grand carré. Étalez l'huile aux graines de coquelicot régulièrement sur toute la surface de la pâte. Roulez la pâte sur elle-même en serrant bien. Mettez au frais 15 minutes.
Sortez la plaque du four et préchauffez-le à 210 °C (th. 7).
Badigeonnez le boudin de jaune d'œuf délayé dans le lait. Découpez délicatement des tranches de 1 cm d'épaisseur. Disposez les spirales ainsi formées sur la plaque du four, enfournez-les et laissez-les cuire 10 minutes environ.

Servez les feuilletés chauds ou tièdes à l'apéritif, ou en accompagnement d'une terrine de légumes. En l'absence de coquelicots, vous pouvez réaliser cette recette avec des graines de pavots (épiceries orientales).

PÂTE FEUILLETÉE LÉGÈRE

Préparez la pâte en pétrissant la farine, 1 pincée de sel et 15 cl d'eau. Cette pâte doit avoir la consistance d'une pâte brisée. Laissez-la reposer 30 minutes à température ambiante.
Sur une surface farinée, étalez la pâte sur une hauteur de 7 mm environ. Répartissez-y la moitié de l'huile de palme coupée en petits morceaux. Roulez la pâte sur elle-même pour obtenir un cylindre et posez ce cylindre verticalement devant vous.
Tenez le rouleau d'une main et appuyez fortement sur le rouleau de l'autre main. Aplatissez le rouleau au maximum, farinez-le, étalez à nouveau la pâte sur 7 mm et roulez-la sur elle-même. Renouvelez trois fois l'opération. Étalez ensuite la pâte sur une hauteur de 4 mm. Répartissez-y le reste d'huile de palme émietté. Roulez à nouveau la pâte sur elle-même, aplatissez le rouleau et renouvelez trois fois l'opération.
La pâte est prête à être utilisée.

Voici une recette de pâte plus légère et beaucoup plus rapide à réaliser.

Pour 500 g de pâte
Préparation : 30 minutes (+ 30 minutes de repos pour la pâte)

Ingrédients

250 g de farine T 80
(+4 à 5 cuillerées à soupe pour travailler la pâte)
200 g d'huile de palme
Sel

Souvent recherchée ou détestée, l'indifférence sied mal à **la coriandre**. Son nom, venant du grec *koriandron*, qui signifie punaise, ravive la mémoire de l'odeur qu'elle dégage. La plante tient des herbes par ses feuilles et des épices par ses graines, toutes deux de parfum assez différent. Connue de tout temps et en tout lieu, ou presque, tantôt « persil chinois », tantôt « persil arabe », rappelant l'arôme entêtant qui embaume les souks, la coriandre se conjugue de mille façons. Ainsi, en Asie, elle compte, avec le gingembre, l'ail et le piment, parmi les ingrédients majeurs du curry par ses graines et du chutney par ses feuilles. Ailleurs, en Occident, les pharmaciens l'utilisaient pour masquer le goût des médicaments. Question de culture ! De nos jours, elle trouve sa place en liquoristerie.

Vous la cultiverez aisément si vous la semez au début du printemps dans une terre légère, riche et bien exposée au soleil. En bordure des carottes, elle les protégera, avec ses belles ombelles bleutées apparaissant au début de l'été, de la mouche de la carotte, petit parasite redoutable. Suivront les graines, que l'on récoltera et fera sécher quand elles prendront une teinte grisâtre.

FEUILLETÉ AUX POIVRONS ET À LA CORIANDRE

Pour 4 personnes
Préparation : 30 minutes
Cuisson : 40 minutes

Ingrédients

2 cuillerées à soupe de coriandre fraîche ciselée
400 g de pâte feuilletée légère (voir recette p. 155)
1 poivron rouge
1 poivron vert
1 poivron jaune
350 g de tofu
1 œuf
1 pincée de paprika doux
1 cuillerée à soupe de ciboulette ciselée
2 cuillerées à soupe de lait
1 cuillerée à soupe d'huile d'olive
Sel
Poivre du moulin

Allumez le gril du four.
Mettez les poivrons sous le gril pendant 10 à 15 minutes en les retournant régulièrement pour que la peau noircisse et se cloque sur toutes les faces. Sortez-les du four et enfermez-les dans un sac en plastique jusqu'à ce qu'ils soient tièdes. Il sera alors facile de les éplucher. Quand les poivrons sont tiède, ôtez la peau, les membranes et les pépins et coupez-les en dés.
Préchauffez le four à 210 °C (th. 7).
Dans le bol du robot, mixez le tofu jusqu'à l'obtention d'une pâte épaisse. Incorporez le blanc de l'œuf et mixez. Ajoutez enfin à ce mélange la coriandre et la ciboulette, l'huile d'olive et les dés de poivrons. Assaisonnez de sel, de poivre et de paprika, puis mélangez.
Étalez le feuilletage en 2 rectangles de 25 à 30 cm de long et 10 à 12 cm de large. Étalez la farce en un long boudin sur l'un des rectangles, dans le sens de la longueur. Mouillez le pourtour au pinceau et posez l'autre abaisse par-dessus pour former un long pâté. Soudez soigneusement les bords et dorez avec le jaune de l'œuf délayé dans le lait. Décorez en striant avec la pointe d'un couteau et faites cuire pendant 25 minutes au four.

Servez avec un coulis de poivrons (voir recette p. 70).

Estragon

Précieux et très utilisé en cuisine, **l'estragon** ne doit-il pas son succès au fait de ne ressembler à aucune autre plante ? Il s'harmonise aussi bien avec les œufs, les sauces crémeuses, les salades, certains poissons ou le vinaigre, qu'il relève d'une saveur subtile, un peu anisée, un peu sucrée.
Il se conserve mieux congelé car, bien que vivace, la plante disparaît pendant l'hiver.
Il convient même d'en protéger le pied d'un tas de feuilles, ou, mieux, de compost, dans les régions de grands froids.
La plante se multiplie par bouturage, en replantant un morceau de rhizome, car dans nos zones tempérées elle ne monte jamais en graine. Quant à l'estragon de Russie, le seul qui fasse offrande de ses graines, il est hélas sans goût.

FONDANT DE CAROTTES À L'ESTRAGON

Préchauffez le four à 150 °C (th. 5).
Dans une sauteuse, faites revenir les échalotes dans 1 cuillerée à soupe d'huile pendant 5 minutes à feu doux. Ajoutez les champignons coupés en lamelles. Salez et faites cuire sans couvercle 10 minutes environ à feu moyen jusqu'à ce qu'ils aient rendu leur eau de végétation. Réservez.
Brossez les carottes sous l'eau froide. Coupez-les en grosses rondelles sans les éplucher. Versez 50 cl d'eau dans le fond d'un cuit-vapeur et émiettez-y le cube de bouillon. Faites cuire les carottes à la vapeur 30 à 40 minutes environ, jusqu'à ce qu'elles soient tout à fait tendres.
Hachez grossièrement les carottes sans les réduire en purée. Ajoutez l'estragon, les œufs battus, le comté, la crème fraîche, la muscade et les champignons. Salez si nécessaire (attention, le bouillon est souvent salé).
Garnissez le fond d'un moule à charlotte de 20 cm de diamètre ou d'un moule à manqué de papier sulfurisé. Remplissez-le de la préparation, recouvrez-le de papier sulfurisé et faites-le cuire au bain-marie 1 heure 15. Vérifiez la cuisson du gâteau en y plantant la lame d'un petit couteau : elle doit ressortir sèche.
Attendez quelques minutes avant de démouler le fondant de carottes et servez-le.

Pour 4 personnes
Préparation : 20 minutes
Cuisson : 2 heures

Ingrédients

3 cuillerées à soupe d'estragon haché
500 g de carottes
200 g de champignons
2 échalotes
30 g de comté râpé
2 œufs
1 pincée de muscade
1 cube de bouillon
2 cuillerées à soupe de crème fraîche
1 cuillerée à soupe d'huile de tournesol
Sel

Qu'elle soit « fine », « aspic » ou « lavandin », **la lavande** participe en été, mêlée au vert olivâtre et aux blondeurs des céréales, aux paysages magiques de Provence. Si les petits sachets des armoires de nos grands-mères, l'eau de toilette et les savonnettes d'où sourd son parfum nous entraînent vers les chambres à coucher et la salle de bains, on peut lui faire passer la porte de la cuisine où, bien dosé, son arôme sucré et musqué se prête à bien des inventions. Côté culture, aucun souci : elle se développe presque sans terre, sans arrosage, dans les cailloux, n'exigeant rien que le soleil. Si par bonheur elle pousse un peu en altitude, c'est encore mieux.

SABLÉS À LA LAVANDE

Pour 4 à 6 personnes
Préparation : 15 minutes (en 2 jours)
Cuisson : 20 minutes

Ingrédients

2 cuillerées à soupe de fleurs de lavande
5 gouttes d'essence de lavande
1 œuf
170 g de farine
100 g d'huile de palme
110 g de sucre roux

La veille, préparez du sucre aromatisé en mélangeant le sucre avec les fleurs et l'essence de lavande. Couvrez et réservez à température ambiante.

Le jour même, sortez la plaque du four et préchauffez celui-ci à 180 °C (th. 6).

Mélangez l'huile de palme ramollie avec le sucre aromatisé et battez soigneusement au fouet. Ajoutez l'œuf et battez à nouveau. Ajoutez ensuite la farine et battez une dernière fois.

Recouvrez la plaque du four de papier sulfurisé. Versez de petites quantités de préparation à l'aide d'une cuillère à soupe en les espaçant de 4 cm environ.

Enfournez 15 à 20 minutes. Les sablés doivent être à peine dorés. Laissez refroidir.

GLACE À LA LAVANDE ET AU MIEL

Pour 4 personnes
Préparation : 40 minutes
Cuisson : 5 minutes

Ingrédients

6 cuillerées à soupe de fleurs de lavande
Quelques gouttes d'huile essentielle de lavande
4 jaunes d'œufs
50 cl de lait
2 cuillerées à soupe de miel de lavande
15 cl de crème fraîche
30 g de sucre roux

Portez le lait à ébullition et jetez-y les fleurs de lavande. Couvrez, laissez infuser 30 minutes hors du feu et filtrez.
Faites réchauffer le lait à la lavande avec le miel. Dans une casserole, fouettez les jaunes d'œufs et le sucre jusqu'à ce que le mélange blanchisse. Sans cesser de fouetter, versez le lait aromatisé réchauffé. Quand la crème est bien homogène, remettez-la sur feu très doux. Tout en tournant, portez-la à frémissement sans laisser bouillir jusqu'à ce qu'elle nappe la cuillère. Goûtez. Laissez tiédir, puis ajoutez la crème fraîche battue. Laissez refroidir, puis passez à la sorbetière. Si vous n'avez pas de sorbetière, versez la préparation dans un récipient inoxydable et réservez-le au congélateur. Toutes les heures, fouettez la préparation à la fourchette ou au mixeur afin de l'aérer et de briser les cristaux de glace au fur à mesure qu'ils se forment. Renouvelez l'opération jusqu'à ce que l'ensemble soit pris. Réservez au congélateur et pensez à sortir la glace 30 minutes avant de servir.

Servez cette glace dans des coupes accompagnée de sablés à la lavande (voir recette ci-contre). Si vous voulez renforcer le goût de lavande, vous pouvez ajouter quelques gouttes d'essence de lavande (pas plus de 5) à la crème anglaise.

Livèche

Appelée également « ache des montagnes » ou « céleri perpétuel », comptant dans sa famille le céleri-rave et le céleri branche, **la livèche** développe l'arôme de ce dernier dans ses feuilles. Comme lui, elle s'utilise dans les potages et le pot-au-feu, ou aromatise agréablement les crudités. C'est une ombellifère qui pousse à l'état sauvage dans les régions marécageuses. Pour lui faire une place dans un massif d'aromates, telle une vivace, semez-la au mois d'août et mettez-la en place à l'automne. La plante démarrera au printemps suivant, non sans quelques exigences : du soleil, de l'eau et de l'humus. Une fois installée, elle atteint 1 m de haut. Ensuite, coupez : elle repoussera sans fin.

VELOUTÉ DE POTIMARRON À LA LIVÈCHE

Coupez le potimarron en deux et enlevez les graines. Coupez-le en gros morceaux sans l'éplucher. Épluchez et émincez l'oignon.
Dans une grande casserole, mettez le potimarron, les feuilles de livèche, l'oignon, le gingembre finement râpé, le clou de girofle, le laurier et le bouillon. Couvrez et laissez bouillonner à feu doux pendant 20 minutes environ jusqu'à ce que les légumes soient bien tendres.
Retirez la feuille de laurier et mixez le tout en ajoutant un peu de liquide en fonction de la consistance souhaitée. Salez, si le bouillon ne l'est pas, et ajoutez la muscade. Réchauffez sans faire bouillir.
Versez le velouté dans la soupière. Ajoutez la crème liquide et faites quelques tours avec la cuillère sans mélanger tout à fait pour obtenir un effet marbré. Parsemez de ciboulette et servez aussitôt.

Pour 4 personnes
Préparation : 10 minutes
Cuisson : 25 minutes

Ingrédients

2 poignées de feuilles de livèche (ou de céleri)
1 potimarron (de 1 kg environ)
1 oignon
1 morceau de gingembre de 2 cm
1 clou de girofle
1 pincée de muscade
1 feuille de laurier
1 petite botte de ciboulette
1 litre de bouillon de légumes (ou 2 cubes de bouillon délayés dans 1 litre d'eau)
10 cl de crème liquide (ou de crème de soja)
Sel

Le profane confond souvent **la marjolaine** et l'origan. L'une, « si jolie », est chantée, l'autre pas ; l'une est cultivée depuis l'Antiquité, l'autre, dont le nom signifie « éclat des montagnes », est sauvage. L'une est annuelle, l'autre est persistante et vivace. L'origan n'étant autre que la marjolaine sauvage, la confusion s'explique. Presque tous les climats de nos jardins peuvent abriter la marjolaine, *Origanum marjorana*. L'origan, *Origanum vulgare*, affectionne les coteaux calcaires du Sud-Est. Les deux plantes fleurissent tout l'été, aiment le soleil, et déploient une saveur délicieusement entêtante, un parfum sucré et chaleureux qui « réchauffe » la cuisine, relève le goût des farces et des sauces tomate, des pizzas et des salades de mozzarella. Comme pour bon nombre de plantes condimentaires, choisissez d'acheter au marché un petit pot de marjolaine déjà lancée. Un ou deux pieds suffiront à couvrir les besoins de tout un été, il vous restera même quelques bouquets à faire sécher avant la floraison et à utiliser l'hiver, comme de la sauge et du thym.

PAPILLOTES DE TOMATES CONFITES À LA MARJOLAINE

Pour 4 personnes
Préparation : 20 minutes
Cuisson : 4 heures environ

Ingrédients

1 petit bouquet de marjolaine
8 grosses tomates
4 tranches de cantal jeune (de 70 g chacune)
3 gousses d'ail
10 cl d'huile d'olive
2 cuillerées à soupe de sucre semoule
Sel
Poivre du moulin

Sortez la plaque du four et préchauffez-le à 50 °C (th. 1).
Mondez les tomates en les plongeant quelques secondes dans de l'eau bouillante. Coupez-les en quatre et épépinez-les. Épluchez l'ail et émincez-le en très fines lamelles. Mélangez l'huile d'olive avec 1 cuillerée à soupe de marjolaine effeuillée.
Disposez les tomates sur la plaque du four recouverte de papier sulfurisé. Badigeonnez-les d'huile d'olive, salez et sucrez légèrement, puis disposez 1 lamelle d'ail sur chacune. Enfournez la plaque et laissez les tomates confire pendant 3 à 4 heures en laissant la porte du four entrouverte. Sortez les tomates et augmentez la température du four à 150 °C (th. 5).
Coupez 4 rectangles de papier sulfurisé de 20 cm sur 30 cm environ. Répartissez au milieu de chacun quelques tomates et déposez par-dessus 1 tranche de cantal. Parsemez du reste de marjolaine et poivrez (mais ne salez pas). Fermez les papillotes et passez-les au four pendant 8 minutes.

Cette plante, **la mauve** sylvestre, bisannuelle, produit des fleurs en permanence et en abondance tout l'été. Celles-ci doivent être cueillies avec leur calice, à l'orée de leur épanouissement. Une courte promenade d'un quart d'heure suffit pour remplir un petit saladier de fleurs, d'un rose violacé très doux, avec quelques pieds, ordinairement voisins d'une maison, dispersés le long des chemins ou éparpillés dans les terrains abandonnés. Si la balade vous a plu, repassez le soir : vous en trouverez autant. Pour engranger des provisions pour l'hiver, passez à la balade quotidienne et faites sécher délicatement.

En infusion, la mauve calme toutes les muqueuses enflammées : bronches, voix digestives, urinaires ou intestinales. En cuisine, vous pouvez mêler les fleurs aux salades, ou en décorer les plats. Les Romains, eux, s'en délectaient sous forme de ragoût.

CONSOMMÉ DE FLEURS DE MAUVE

Pour 4 personnes
Préparation : 10 minutes
Cuisson : 10 minutes

Ingrédients

100 g de fleurs de mauve
4 tranches de pain de campagne
1 oignon
1 gousse d'ail
1 pincée de cumin en poudre
1 pincée de coriandre en poudre
1 cuillerée à café de feuilles de coriandre
1 litre de bouillon de légumes (ou 2 cubes de bouillon délayés dans 1 litre d'eau)
1 cuillerée à soupe de tamari (sauce de soja)
2 cuillerées à soupe d'huile d'olive
Poivre du moulin

Coupez les tranches de pain en cubes et faites-les dorer quelques minutes dans 1 cuillerée à soupe d'huile d'olive. Réservez ces croûtons.

Épluchez et émincez l'ail et l'oignon. Dans une casserole, faites-les revenir dans le reste d'huile pendant 5 minutes à feu doux sans les laisser colorer, jusqu'à ce que l'oignon soit fondant. Ajoutez le cumin et la coriandre en poudre, remuez 1 minute à feu doux, puis versez le bouillon. À ébullition, jetez-y les fleurs de mauve et laissez cuire 5 minutes à feu doux. Mixez le tout finement. Salez avec le tamari si le bouillon n'est pas salé et poivrez.

Servez le consommé parsemé de feuilles de coriandre et accompagné des petits croûtons.

Mélissa, pour nous, évoque un succès de Julien Clerc ; en latin médiéval, le mot signifie abeille. Et en effet, **la mélisse** les attire et favorise la production de miel : elle est mellifère. Autrefois, on trouvait l'Eau de mélisse des Carmes dans toutes les pharmacies familiales. Produit de distillation de la plante fraîche dans de l'alcool et du vin, elle semblait parer à tous les maux. De la famille des labiées, elle pousse aussi vite que la menthe. On peut planter un éclat de vieux pied, en bonne exposition, à l'automne ou au printemps, voire en acheter un chez un horticulteur. Dès la deuxième année, il est possible de profiter de son parfum en passant à proximité, de mâcher une feuille ou deux pour se rafraîchir, d'en mettre une poignée dans la salade, d'en user et d'en abuser partout où l'on utilise le citron. Certains la nomment d'ailleurs parfois citronnelle.

FLANS À LA MÉLISSE

Râpez finement le zeste de citron. Portez à ébullition la moitié du lait de coco et plongez-y le bouquet de mélisse et le zeste de citron. Laissez infuser 15 minutes hors du feu et passez au chinois.
Dissolvez l'agar-agar dans un peu d'eau froide et mélangez-le avec l'autre moitié du lait de coco et le sucre. Portez à ébullition et laissez bouillir 3 minutes en fouettant pour empêcher le lait de monter. Hors du feu, ajoutez le lait infusé.
Versez dans 4 ramequins, laissez refroidir et réservez quelques heures au réfrigérateur. Démoulez éventuellement sur des assiettes colorées et servez frais.

Accompagnez ces flans de feuilles de mélisse cristallisées (voir recette ci-dessous) et de sablés au citron.

Pour 4 personnes
Préparation : 30 minutes (+ quelques heures de refroidissement)
Cuisson : 5 minutes

Ingrédient

1 bouquet de mélisse (environ 2 poignées)
50 cl de lait de coco
1 cuillerée à café rase d'agar-agar (1 sachet de 2 g)
Le zeste de 1/2 citron.
80 g de sucre semoule

FEUILLES DE MÉLISSE CRISTALLISÉES

Trempez les feuilles dans le blanc d'œuf et passez-les dans le sucre. Déposez-les sur du papier sulfurisé et laissez-les sécher 2 heures environ à température ambiante.

Vous pouvez cristalliser toutes sortes de feuilles ou de fleurs comestibles, entières ou en pétales, jolies de forme, douces au goût et/ou parfumées : feuilles de verveine, menthe, mélisse, cassis, groseillier, framboisier, fleurs de violette, de pêcher, de cerisier, pétales de rose, boules de mimosa, etc. Elles décoreront vos desserts et se laisseront grignoter, comme des friandises.

Préparation : 5 minutes (+ 2 heures de séchage)

Ingrédients

1 poignée de feuilles de mélisse (ou de feuilles de votre choix)
1 blanc d'œuf
3 à 4 cuillerées à soupe de sucre brun

Menthe, jeune nymphe aimée de Pluton, roi des Enfers, subit les foudres de sa femme Perséphone qui, de jalousie, la changea en plante. Artificielle pour le diabolo, naturelle pour le thé, rafraîchissante, les Romains en frottaient leurs tables lors de leurs fêtes et en répandaient sur le sol, parce qu'elle stimule l'appétit et la digestion.
Il existe une quarantaine de variétés de **menthe**, sauvages ou cultivées. La plupart étant des hybrides, il faut, pour les multiplier, planter un morceau de stolon dans un sol ordinaire, au début du printemps. Elle supporte la mi-ombre et aime l'humidité. Une fois installée, la menthe se propage comme une mauvaise herbe, qu'il est possible de tenir en respect en la plantant dans un grand conteneur sans fond, qui canalisera ses racines. Elle se cultive aisément en jardinière.

TERRINE DE COURGETTES AU CHÈVRE ET À LA MENTHE

Préchauffez le four à 150 °C (th. 5).
Rincez les courgettes et râpez-les à l'aide d'une râpe à gros trous.
Épluchez et émincez finement les échalotes. Faites-les revenir quelques minutes dans 1 cuillerée à soupe d'huile d'olive. Ajoutez le reste d'huile et les courgettes, salez, puis faites suer sur feu vif 10 minutes environ, en tournant régulièrement. Elles doivent avoir rendu toute leur eau de végétation.
Écrasez le chèvre à la fourchette et incorporez-le aux courgettes avec la crème fraîche et les œufs battus en omelette. Poivrez et ajoutez les herbes.
Chemisez 1 moule à cake de 28 cm de longueur environ ou un moule à manqué de papier sulfurisé et huilez-le. Remplissez le moule de la préparation et couvrez-le de papier sulfurisé. Enfournez-le dans un bain-marie et laissez cuire 1 heure. Laissez refroidir et démoulez.

Servez avec une salade mixte, composée de laitue et de tomates et parsemée de feuilles de menthe.

Pour 4 personnes
Préparation : 40 minutes
Cuisson : 1 heure 10

Ingrédients

2 cuillerées à soupe de menthe fraîche ciselée
500 g de courgettes
2 fromages de chèvre frais (de 100 g chacun environ)
2 échalotes
3 œufs
1 cuillerée à soupe de ciboulette ciselée
1 cuillerée à soupe de thym effeuillé
10 cl de crème fraîche
2 cuillerées à soupe d'huile d'olive (+ un peu d'huile pour le moule)
Sel
Poivre du moulin

RAVIOLES, SAUCE À LA MENTHE

Pour 4 personnes
Préparation : 1 heure 30
Cuisson : 10 minutes

Ingrédients

Pour la pâte
2 œufs
200 g de farine (+ un peu de farine pour le plan de travail)
1 cuillerée à soupe d'huile d'olive

Pour la farce
1 cuillerée à soupe de menthe ciselée
200 g de ricotta
1 cuillerée à café de tapenade
1 oignon finement haché
2 cuillerées à soupe de ciboulette ciselée
2 cuillerées à soupe de persil ciselé
2 cuillerées à soupe d'huile d'olive
Sel
Poivre du moulin

Pour la sauce à la menthe
50 feuilles de menthe environ finement ciselées
4 yaourts nature
2 cuillerées à soupe de crème fraîche
Sel
Poivre du moulin

Préparez la pâte : mettez tous les ingrédients dans le bol du robot, mixez 2 minutes et arrêtez l'appareil. La pâte ne doit être ni trop collante, ni trop sèche ou friable ; le cas échéant, ajoutez de la farine ou de l'eau. Mixez à nouveau 1 minute, arrêtez l'appareil 1 minute et recommencez jusqu'à ce que la pâte soit lisse et élastique. Enveloppez-la dans du film alimentaire et laissez-la reposer pendant 15 minutes à température ambiante.

Préparez la farce : mettez tous les ingrédients dans le bol du robot, mixez finement et assaisonnez. Réservez.

Divisez la pâte en deux morceaux. Gardez un morceau sous le film alimentaire pour éviter son dessèchement. Sur un plan de travail fariné, étalez la moitié de la pâte sur 1 mm d'épaisseur en formant 1 rectangle de 18 cm sur 65 cm environ.

Disposez, sur la moitié de la pâte étalée, des petits tas de farce espacés de 3 cm environ (chaque tas doit faire 1/2 cuillerée à café de farce environ). Vous devez obtenir 5 ravioles sur la largeur, et 10 sur la longueur, soit 50 ravioles environ. Avec un pinceau, humectez légèrement d'eau la moitié de la pâte qui n'a pas de farce. Repliez-la sur la farce en superposant parfaitement les deux parties de pâte. Pressez la pâte entre les monticules de farce pour sceller les bords et détachez les ravioles à l'aide d'une roulette à pâtisserie. Réservez les ravioles sur un plateau recouvert d'un linge.

Procédez de la même façon avec l'autre moitié de pâte.

Dans un grand faitout, portez à ébullition 5 litres d'eau.

Préparez la sauce à la menthe : mixez tous les ingrédients. Faites chauffer cette sauce doucement sans faire bouillir.

Plongez les ravioles dans l'eau bouillante et faites-les cuire 4 minutes pour une cuisson *al dente* en surveillant bien la cuisson. Égouttez-les et servez-les aussitôt accompagnées de la sauce et parsemées de feuilles de menthe.

C'est la plus facile à utiliser, la plus connue, la star ; veaux, vaches et cochons en ont plein les oreilles ! C'est la reine de la famille des ombellifères : c'est **le persil** ! Omniprésent du Nord au Sud, dans notre cuisine occidentale, il impose sa touche à nombre de préparations, tout comme il sauve de la banalité les mets les plus plats. Dans une petite jardinière sur le bord d'une fenêtre, une bordure dans le jardin, il se trouve toujours à portée de main. Semez ses graines très fines de février à août, recouvrez à peine d'une terre riche et soyez patient. On dit que le persil, comme la carotte, va trois semaines en enfer avant de sortir de terre. La récolte commencera deux à trois mois plus tard et durera deux à trois ans si vous coupez les feuilles régulièrement. Le persil plat est le plus parfumé, le frisé plus décoratif. À vous de choisir !

VINAIGRETTE AU PERSIL

Pour 1 salade
Préparation : 5 minutes

Ingrédients

1 petit bouquet de persil
1 cuillerée à café de tapenade
Le jus de 1 citron
5 cuillerées à soupe d'huile d'olive
Sel
Poivre du moulin

Dans un bol, délayez la tapenade dans le jus de citron et ajoutez progressivement l'huile. Quand le mélange est bien homogène, ajoutez le persil ciselé. Rectifiez l'assaisonnement (attention la tapenade est salée).

CRÈME DE POIS CASSÉS AU PERSIL

Pour 4 personnes
Préparation : 15 minutes (en 2 jours)
Cuisson : 1 heure 15

Ingrédients

1 bouquet de persil
500 g de pois cassés
1 tomate
10 olives noires
1 oignon
2 gousses d'ail
1 cuillerée à café de cumin en poudre
1 feuille de laurier
4 cuillerées à soupe d'huile d'olive
Sel
Poivre du moulin

La veille, faites tremper les pois cassés dans de l'eau.
Le jour même, épluchez l'oignon et coupez-le en quartiers. Rincez les pois cassés et faites-les cuire dans une casserole, recouverts d'eau froide, avec l'oignon et le laurier. À ébullition, baissez le feu au plus faible, couvrez partiellement et laissez mijoter 1 heure 15 environ. Les pois cassés doivent être tout à fait tendres.
Ciselez finement le persil en gardant quelques brins pour le décor. Découpez la tomate en lamelles. Épluchez et écrasez l'ail au pilon.
Lorsque les pois sont cuits, égouttez-les et réduisez-les en purée. Ajoutez l'huile d'olive, le persil, l'ail et le cumin. Salez, poivrez. Vous devez obtenir une préparation onctueuse.
Présentez cette crème dans de petits ramequins et décorez de brins de persil, de lamelles de tomate et d'olives.

Pour faciliter la cuisson des pois si votre eau est calcaire, ajoutez en début de cuisson 1 pincée de bicarbonate de soude. Servez cette crème avec des tranches de pain bis grillées.

Qu'ils nous soient délectation ou potion amère, nous les mangerons tous, un jour, par la racine, si nous en croyons l'expression familière. *Taraxacum* pour le botaniste, « dent de lion » dans le langage populaire, « chandelle » pour les enfants soufflant sur les graines aériennes que le vent emporte, **le pissenlit** compte parmi les plantes sauvages les plus connues. Ses jeunes feuilles et les jeunes boutons floraux du début du printemps, cueillis dans des prés abrités des pollutions, composent une délicieuse salade, excellente pour le foie. À peine amère, elle s'accompagne souvent de lardons et de petits croûtons frottés d'ail. Avec les fleurs – et beaucoup de patience –, on fait une gelée dont la très belle couleur rappelle celle du miel, d'où le nom de la recette suivante.

MIEL DE PISSENLIT

POUR 2 BOCAUX DE 250 ML
PRÉPARATION : 15 MINUTES
(+ 1 HEURE 30 POUR TRIER LES FLEURS)
CUISSON : 1 HEURE 45

INGRÉDIENTS

500 fleurs de pissenlit
3 oranges
2 citrons
Les graines de 4 ou 5 gousses de cardamome
1 cuillerée à café d'agar-agar en poudre (1 sachet de 2 g)
500 g de sucre roux

Triez les pissenlits en enlevant la partie verte qui se trouve à la base des fleurs. Rincez les oranges et les citrons et coupez-les en tranches sans les peler.
Dans une petite marmite ou, mieux, une bassine à confiture, mettez les fleurs, les fruits et les graines de cardamome avec 1,5 litre d'eau. Faites cuire à petits bouillons pendant 1 heure. Filtrez en pressant pour garder 1 litre de liquide environ.
Remettez le liquide dans la bassine avec le sucre et maintenez à nouveau à petits bouillons pendant 20 minutes. Versez l'agar-agar dilué dans un peu d'eau et laissez cuire encore 10 minutes. Mélangez.
Stérilisez les bocaux en les plongeant 5 minutes dans de l'eau bouillante et réservez-les sur un linge propre. Versez la gelée bouillante, fermez les bocaux et retournez-les aussitôt.

Dégustez ce miel sur des blinis chauds. L'agar-agar est un gélifiant naturel – une algue – qui permet de réussir confitures et gelées avec moins de sucre.

À l'épluchage ou au râpage, même un nez bien bouché devrait être gagné par l'arôme du **raifort** tant il s'avère puissamment piquant. S'il est mal dosé, la sensation monte par les narines et ne se dissipe que lentement. Grande plante, cultivée pour sa racine, elle croît après plantation d'un morceau d'une dizaine de centimètres dans un sol profond. Elle s'enracine vite et peut être récoltée dès la deuxième année, au fur à mesure des besoins, car son arôme s'évapore vite ; ce qui reste de la plante continue à se propager et produit de nouvelles racines. En cuisine, on brosse vigoureusement le morceau de racine et on le râpe finement, pour réveiller une mayonnaise, enflammer une purée de légumes, donner du tonus à une salade de choux ou de pommes de terre. On l'utilise donc cru, essentiellement en sauce : émotion forte garantie !

SAUCE AU RAIFORT ET AU YAOURT

Pour 4 personnes
Préparation : 15 minutes
(+ 15 minutes de repos)

Ingrédients

3 cuillerées à soupe de raifort fraîchement râpé
2 yaourts nature
1 cuillerée à soupe de crème fraîche
1 cuillerée à café de moutarde
1 cuillerée à soupe de ciboulette ciselée
Sel
Poivre du moulin

Mélangez tous les ingrédients dans un bol et laissez reposer pendant 15 minutes au réfrigérateur pour laisser les arômes se développer.

Servez cette sauce avec une salade de pommes de terre, de betteraves ou de fenouil, ou encore comme « dip » avec un plateau de crudités.

Parce qu'elle en améliore la cuisson et la digestion et qu'elle tempère les « ventosités », **la sarriette** est parfois nommée « herbe aux haricots ».
Poussant spontanément sous le soleil méditerranéen des garrigues, des collines caillouteuses et calcaires où elle s'appelle « poivre d'âne », c'est la sarriette vivace, ligneuse, en touffe comme le thym, auquel elle s'apparente un peu. Il existe aussi la sarriette des jardins, annuelle, rustique mais plus parfumée, à semer au printemps dans un sol bien drainé et qui accepte de pousser en pot.
Toutes deux développent un goût un peu piquant, épicé, qui agrémente les ragoûts, le mouton et le gibier et s'accorde merveilleusement à celui des petits fromages de chèvre du berger. Pour la conserver, cueillez-la en début de floraison, et, une fois qu'elle est sèche, effeuillez-la.

TARTINES DE CHÈVRE CHAUD À LA SARRIETTE

Pour 4 personnes
Préparation : 20 minutes
Cuisson : 15 minutes

Ingrédients

5 ou 6 brins de sarriette
4 tranches de pain bis
2 fromages de chèvre frais ou demi sec (100 g chacun)
4 olives de Nyons
4 cuillerées à soupe d'huile d'olive
Sel
Poivre du moulin

Préchauffez le four à 150 °C (th. 5).
Portez à ébullition 25 cl d'eau et faites-y infuser 4 brins de sarriette pendant 10 minutes.
Dans un plat allant au four, disposez les tranches de pain. Arrosez-les avec l'infusion afin qu'elles soient imbibées sans être trempées. Ajoutez 1 filet d'huile d'olive sur les tranches. Coupez les fromages de chèvre en deux dans l'épaisseur et ajoutez-en une moitié sur chaque tranche. Ajoutez 1 olive sur chacune et encore 1 filet d'huile d'olive. Parsemez de sarriette effeuillée, poivrez et salez, si le fromage ne l'est pas.
Passez au four 15 minutes environ en surveillant bien : le fromage doit commencer à gratiner sans que le pain commence à brûler. Servez aussitôt.

Accompagnez les tartines d'une salade verte.

On disait – et on le dit encore quelquefois – que **la sauge** rendait sage, qu'elle prolongeait la vie, que ceux qui en possédaient dans leur jardin ne voyaient jamais le médecin. Son nom, *salvia* en latin, vient de *salvare*, qui signifie sauver, guérir. Si elle s'avère un peu amère, elle perd ce désagrément au séchage. Cueillez fleurs et feuilles à la Saint-Jean et séchez-les en bouquets suspendus la tête en bas.

PROFITEROLES AUX OLIVES ET À LA SAUGE

POUR 4 PERSONNES
PRÉPARATION : 15 MINUTES
(+ 2 HEURES 30 DE REPOS)
CUISSON : 50 MINUTES

INGRÉDIENTS

Pour les choux

2 cuillerées à soupe de feuilles de sauge hachées
2 tommes de chèvre frais (de 100 g chacune)
50 g d'olives dénoyautées
2 œufs
1 cuillerée à soupe de ciboulette ciselée
1 cuillerée à soupe de sarriette effeuillée
1 cuillerée à soupe de persil ciselé
65 g de farine
1 cuillerée à soupe d'huile d'olive
50 g d'huile de palme
Sel
Poivre du moulin

Pour la salade

4 poignées de différentes variétés de salades sauvages ou cultivées (selon la saison)
1 cuillerée à soupe de tamari (sauce de soja)
8 fleurs de capucine
3 cuillerées à soupe d'huile d'olive

Sortez la plaque du four et préchauffez-le à 180 °C (th. 6).
Préparez les choux : mettez l'huile de palme et 15 cl d'eau (1 verre) dans une casserole et portez à ébullition. Ajoutez la farine en une seule fois et battez jusqu'à ce que la pâte se détache des bords.
Laissez refroidir quelques minutes et incorporez les œufs un par un, en battant soigneusement à chaque fois. Coupez les olives en petits dés et incorporez-les avec la sauge à la préparation. Salez légèrement.
Recouvrez la plaque du four de papier sulfurisé et faites-y de petits tas de préparation de la taille d'une noix. Enfournez 25 minutes sans ouvrir la porte du four. Sortez les choux et baissez le four à 120 °C (th. 4).
Écrasez la tomme à la fourchette, ajoutez l'huile d'olive et les herbes ciselées. Poivrez et salez (selon le fromage).
Incisez les choux et garnissez-les généreusement de chèvre aux herbes. Remettez-les sur la plaque du four et couvrez-les avec une feuille de papier sulfurisé afin qu'ils ne se dessèchent pas. Passez-les au four encore 15 minutes pour les réchauffer. Le fromage doit être chaud et fondant.
Pendant ce temps, préparez la salade. Garnissez des assiettes individuelles ou un grand plat large des feuilles lavées et essorées. Arrosez d'huile et de tamari et parsemez des petits choux chauds. Décorez de fleurs de capucine et servez sans attendre.

FOUGASSE À LA SAUGE

Pour 4 personnes
Préparation : 15 minutes
(+ 2 heures 30 de repos)
Cuisson : 50 minutes

Ingrédients

2 cuillerées à soupe de sauge fraîche hachée ou 2 cuillerées à café de sauge séchée
1 petit oignon haché
375 g de farine T 80
1 sachet de levure de boulanger déshydratée (7 g)
2 cuillerées à soupe d'huile d'olive
Un peu d'huile pour la plaque du four
Gros sel
Sel

Laissez gonfler la levure dans 25 cl d'eau tiède. Mélangez la farine, 1 cuillerée à soupe de sel, la sauge et l'oignon. Ajoutez 1 cuillerée à soupe d'huile, puis la levure diluée. Mélangez soigneusement pour obtenir une pâte molle. Sur une surface farinée ou dans un saladier, pétrissez-la pendant 10 minutes environ jusqu'à ce qu'elle soit souple et élastique. Déposez-la dans un saladier, couvrez-la d'un torchon et laissez-la lever dans un endroit chaud (au soleil ou, couverte d'un plat, dans un four préchauffé à 120 °C) pendant 2 heures. Elle doit avoir doublé de volume.
Sortez la plaque du four et préchauffez-le à 150 °C (th. 5).
Pétrissez à nouveau 1 minute pour faire tomber la pâte. Sur la plaque du four huilée, étalez-la en forme de cercle sur une hauteur de 2,5 cm. Faites de profondes entailles d'un bord à l'autre de la fougasse et laissez-la lever encore 30 minutes au chaud.
Badigeonnez-la d'huile d'olive au pinceau et saupoudrez-la de 2 cuillerées à café de gros sel. Faites-la cuire pendant 40 à 50 minutes au four. Quand le pain est cuit le fond doit sonner creux lorsqu'on le frappe.

La fougasse à la sauge est meilleure le jour même.

Cultivez **les soucis** au jardin pour ne pas les avoir à la maison ! Ils y sont faciles à traiter, et même joyeux, jaunes, orange, simples et quasi éternels...
Semés une première fois en pleine terre à partir de mars, ils se ressèment ensuite d'eux-mêmes, et nécessiteront un éclaircissage. Ils s'accommodent de tous les terrains, de tous les climats, et même des oublis du jardinier. Dans les plats, ils décorent un mets un peu terne, donnent une touche colorée aux salades vertes. Pour ces usages, le souci s'utilise frais, juste effeuillé au dernier moment. Il remplace aussi le safran dans le riz, et servait autrefois d'agent colorant au fromage et au beurre. Il faut le faire sécher effeuillé, étalé sur un plateau, et le conserver en bocaux.

ŒUFS BROUILLÉS AUX SOUCIS

Pour 4 personnes
Préparation : 5 minutes
Cuisson : 5 minutes

Ingrédients

12 fleurs de souci
8 œufs
1 pincée de paprika doux
1 cuillerée à soupe de crème fraîche
15 g de margarine
Sel
Poivre du moulin

Battez les œufs à la fourchette avec la crème fraîche, le paprika, du sel et du poivre. Détachez les pétales de fleurs et mélangez-les à la préparation.
Faites chauffer la margarine dans une poêle, versez la préparation et tournez immédiatement pendant 2 ou 3 minutes pour saisir les œufs. Servez sans attendre.

Dans le Midi, vous le trouverez autant dans la cuisine qu'au flanc des collines. Les terres délaissées et arides accueillent cet éclaireur, ce buisson de poche, ce pionnier que suivront genêts, genévriers et chênes. Difficile de se balader en ignorant ces petits buissons persistants, si présents, au parfum caractéristique. L'utilisateur cueille son thym au rythme des besoins et s'étonne souvent « qu'on puisse faire pousser la farigoule ».

D'ailleurs, **le thym** des jardins distille une saveur moins prononcée, présente des tiges molles, des feuilles un peu trop vertes. Pour le plus grand profit du palais, choisissez de déterrer quelques pieds lors d'une promenade et offrez-leur l'endroit le plus ensoleillé du jardin afin qu'ils s'y acclimatent.

Présent dans tous les plats qui mijotent longtemps, comme ceux au vin rouge, les daubes, les civets, les marinades, il participe, bien sûr, au bouquet garni. Vous en saupoudrerez aussi tous les légumes de l'été et de la Méditerranée : les tomates, les aubergines, les olives.

Des variétés existantes, le thym citron, avec ses feuilles un peu plus larges, s'avère la plus parfumée. Pour le conserver, il est préférable de le cueillir en début de floraison, en avril-mai, période où ses principes actifs sont les plus concentrés. Faites-le sécher en bouquets suspendus à l'envers, puis frottez-les, le moment venu, entre vos mains au-dessus d'un plateau ; vous conserverez en bocaux les toutes petites feuilles gris-vert et les fleurs roses qui tomberont.

PALETS AU THYM

Pour 30 palets
Préparation : 25 minutes
Cuisson : 10 minutes

Ingrédients

3 cuillerées à soupe de fleurs de thym
2 blancs d'œufs
Le zeste de 1/2 citron
110 g de farine
50 g de beurre ou d'huile de palme
110 g de sucre roux

Sortez la plaque du four et préchauffez-le à 210 °C (th. 7).
Battez légèrement les blancs avec le sucre. Ajoutez la farine, le zeste de citron finement râpé, l'huile de palme et 2 cuillerées à soupe de fleurs de thym.
Recouvrez la plaque du four de papier sulfurisé et disposez-y des petites cuillerées de pâte bien espacées : en cuisant, la pâte va s'étaler. Égalisez la surface des ronds de pâte et saupoudrez-les de quelques fleurs de thym.
Laissez-les cuire 10 minutes environ en étant très attentif : le bord doit être juste doré, le centre encore un peu mou durcira au refroidissement. Décollez les palets délicatement à la spatule.
Il est préférable de faire plusieurs fournées.

SEL PARFUMÉ AU THYM

Préparation : 3 minutes

Ingrédients

1 cuillerée à café de thym séché (fleurs et feuilles)
7 cuillerées à soupe de gros sel

Dans un pilon ou un moulin à café, écrasez le thym et le gros sel jusqu'à l'obtention d'une poudre fine.

Utilisez ce sel partout où vous en aurez envie. Il se conserve comme du sel.

Index des recettes

Certaines recettes apparaissent dans plusieurs catégories, c'est tout simplement qu'elles peuvent être dégustées à plusieurs moments du repas, selon les envies de chacun.

Glossaire

Où trouver ce qui ne pousse pas à Pra Boyer ? Dans toutes les épiceries bio, les bio-coop, de préférence. Vous trouverez également certains produits en grandes surfaces, intéressées par l'effet de société mais cependant très loin de l'éthique bio.

L'agar-agar est une poudre extraite de plusieurs algues. Il est utilisé comme gélifiant pour les terrines, aspics, entremets, mousses ou confitures qu'il permet de moins sucrer. Un sachet de 2 g, ou 1 cuillerée rase délayée dans un peu d'eau froide, porté à ébullition permet d'obtenir une bonne prise à 25 cl de préparation.

L'arrow-root est une fécule extraite du rhizome de la maranta, plante tropicale. C'est un liant pour les potages, les sauces et les desserts, facile à digérer.

La crème de soja est une crème liquide à base de lait de soja. On l'utilise comme la crème fraîche, pour des sauces plus légères. Elle se présente en petites briques de 20 et 25 cl.

La « cuisine bio » n'a ni label ni cahier des charges. Elle est du domaine de la conscience et des exigences personnelles. Comme elle utilise des produits cultivés dans le respect de la vie, elle prolongera cette démarche par : le choix de produits le plus frais possible et « de saison », des cuissons douces, à l'étouffée ou à la vapeur (pas de micro-ondes ou d'autocuiseur), la réduction des matières grasses, en privilégiant celles d'origines végétales non raffinées, l'utilisation d'aliments non raffinés, en visant à mettre en valeur ces produits et leurs qualités, à préserver ou améliorer la santé, à explorer de nouvelles saveurs.

Les huiles
Choisissez une huile de première pression à froid, c'est-à-dire extraite par simple broyage et filtration, c'est choisir un aliment qui a gardé non seulement toutes ses précieuses propriétés, mais aussi le goût particulier de la graine dont il est extrait. Varier les huiles permet de bénéficier de tous les acides gras essentiels et d'apporter de subtiles nuances aux salades et aux crudités.

L'huile de palme, obtenue de la pulpe des fruits du palmier à huile, est présentée en pain de 500 g, donc sous forme solide. De même utilisation que le beurre en pâtisserie, sa bonne résistance aux fortes températures la prédestine aux fritures. Toutefois, sa grande teneur en acides gras saturés en limite l'utilisation.

Un ingrédient bio est un produit cultivé, transformé et commercialisé selon les règles rigoureuses d'un cahier des charges régissant le label AB, conformément aux exigences du règlement européen. Pour contrôler ce parcours, tous les produits sont certifiés par un organisme de contrôle agréé indépendant qui délivre le logo français.
L'agriculture biologique a pour objectif le respect de l'environnement et des êtres vivants ; elle bannit l'utilisation d'engrais et de pesticides de synthèse.

Le lait est l'aliment idéal pour le petit veau. Bien que très ancré dans notre patrimoine culinaire, il n'est pas très adapté à notre constitution car il surcharge l'organisme et la digestion. Préférez les « laits » végétaux, qui apportent de nouvelles saveurs et tellement de légèreté : lait d'amande, de soja, de riz, de coco, disponibles en brick, même en grande distribution.
En l'absence de précision dans ces recettes, utilisez le lait de soja, assez polyvalent, ou le lait de vache traditionnel, si vous préférez.

La lacto-fermentation est un procédé de conservation des légumes qui a recours ni à l'usage du froid ni à celui de la chaleur, pas plus qu'au moindre conservateur, tout en gardant intact leur fraîcheur et leur teneur en vitamines. Utilisée depuis la nuit des temps par toutes les civilisations, elle n'est plus connue aujourd'hui que pour la choucroute, qui est du chou lacto-fermenté. On peut appliquer cette technique à presque tous les légumes, variété par variété ou en macédoine. On utilise ces légumes mélangés à d'autres légumes cuits ou crus, dans des salades composées. Leur goût, transformé, est acidulé .

La levure maltée est un complément alimentaire, riche en vitamines du groupe B, et en protéines. Saupoudrée sur les plats elle apporte une touche à découvrir.

La levure sans phosphates est une équivalence de la levure chimique qui fait monter les gâteaux et les allège, sans les inconvénients connus des phosphates.

Les margarines végétales : on en trouve de toutes les qualités, il faut donc bien lire les étiquettes. Non hydrogénées, à base d'huile de tournesol ou d'olive, elles peuvent remplacer avantageusement le beurre.

Le miso, pâte de soja fermenté avec ou sans orge ou riz, entre dans la composition de soupes, sauces et pâtés.

La purée d'amandes peut être blanche ou complète, suivant que les amandes ont été débarrassées de leur peau ou non, avant d'être broyées. De saveur fine et délicate, la purée d'amandes apporte du crémeux et du liant à une soupe, une sauce, un dessert. Diluée dans l'eau, elle se transforme en lait d'amande, avec les mêmes utilisations qu'un lait animal. Dans le même registre de goût et d'utilisation, vous pouvez essayer la purée de noisettes, de cacahuètes et le tahin.

Le quinoa, céréale traditionnelle des Indiens d'Amérique, pousse à plus de 3 000 m d'altitude sur les hauts plateaux andins. Vite cuit et d'utilisations aussi multiples que le riz, il se décline en grains, flocons, farine, préparation pour petit-déjeuner par les voies de distribution du commerce équitable. Il contient tous les acides aminés essentiels et ne contient pas de gluten.

Le sirop d'agave est le jus du cœur d'un cactus mexicain qui est concentré par évaporation. Doré, de goût discret, il est riche en fructose (donc facilement assimilable) et en minéraux. Il s'utilise en sucrage direct dans les compotes, les yaourts et les crêpes, ou dans des préparations à base de fruits, les sorbets et les coulis.

Le sirop de maïs, sucre extrait du maïs, a l'aspect du miel et un goût neutre. Il convient pour édulcorer les crèmes, les cakes, les boissons chaudes, sans avoir les inconvénients du sucre. C'est un sucre lent.

Le sucre complet est un sucre de canne cristallisé qui n'a pas été épuré de sa mélasse par raffinage. Il contient beaucoup de sels minéraux, et n'est pas cariogène. Outre sa couleur brune, il diffère du sucre blanc par son goût proche de la réglisse, qui empêche son utilisation dans tous les desserts. Il se marie particulièrement bien avec le chocolat et les noisettes.

Le tamari est une sauce obtenue par longue fermentation de soja. Assez salé, ce condiment utilisé depuis 20 000 ans en Chine relève toutes sortes de plats.

Le tofu est un fromage de soja obtenu par coagulation du « lait de soja ». De goût assez fade, il s'adapte à tous les aliments auxquels on l'associe, absorbant les arômes qu'on lui adjoint. Aussi convient-il de le faire mariner dans une sauce relevée avant utilisation. Il est riche en protéines, en acides gras insaturés, en sels minéraux et en certaines vitamines. De nombreuses préparations de tofu aromatisé existent aujourd'hui dans le commerce.

Avec la complicité de Patrice pour la finition,
Loïc, pour l'assistance à l'ordinateur,
Anaël, dans le rôle du coursier,
et Colline, dans celui de la goûteuse.

Claire Girard remercie : Sylvie Desormière, Isabelle Rozenbaum, Hélène Ozeray et Cathy Lombard.

Isabelle Rozenbaum remercie Claire pour sa grande créativité, Robert Leyx, Béatrice Canard-Patrat, Laurence Mouton, Marie-Line Ricouard et Bruno du laboratoire Chromogène.